Jesper Juul

Mann und Vater sein

Jesper Juul

Mann und Vater sein

Herausgegeben von Ingeborg Szöllösi

KREUZ

MIX
Papier aus verantwortungsvollen Quellen
FSC www.fsc.org FSC® C083411

6. Auflage 2014

www.kreuz-verlag.de

Umschlaggestaltung: [rincón]² medien gmbh, Köln
Umschlagmotiv: © Masterfile (Royalty-Free Division)

Satz: de·te·pe, Aalen
Herstellung: CPI books GmbH, Leck

Printed in Germany

ISBN 978-3-451-61044-8

Inhalt

Einleitung: Väter gestern und heute

Bis zum Auftauchen der neuen Familie, wie wir sie heute kennen, lebten und verstanden sich Männer als Ernährer ihrer Familie – obwohl Familienoberhaupt waren sie an der emotionalen Infrastruktur der Familie kaum beteiligt. Dieses eingeschränkte Rollenverständnis hatte lange Gültigkeit: vom Ende des Mittelalters bis in die 60er Jahre des vergangenen Jahrhunderts. Erst ab den 60er Jahren – in meiner Generation – kamen Männer auf die Idee, dass sie ein integrierter Teil ihrer Familie werden sowie existenziell und emotional für ihren Nachwuchs Sorge und Verantwortung tragen könnten.

Es ist eine möglicherweise nicht ganz begründbare Tatsache, dass es zum Beispiel dein Vater und du leicht hattet, Musiker zu werden, wenn bereits dein Großvater und Urgroßvater Musiker waren. Dasselbe lässt sich vom Vatersein feststellen. In meiner Generation geschah Folgendes: Wir, die wir uns als »neue Väter« empfanden, wollten zwar keineswegs das Verhalten unserer Väter übernehmen, trotzdem haben wir gar nicht versucht – jedenfalls nicht bewusst –, eine eigenständige Rolle in unseren Familien zu entwickeln und zu begründen, sondern wir hatten lediglich die Tendenz, die Mütter nachzuahmen. Was sie taten, wollten wir auch tun, also sahen wir uns plötzlich mit ganz neuen Aufgaben konfrontiert – wir fingen an, unsere Kinder zu baden und zu füttern, ihre Windeln zu wechseln, sie auf dem Schoß zu halten und zu wiegen, mit ihnen zu spielen und spazieren zu gehen. Alles, was wir taten, fand unter strengster Supervision der Mütter statt.

In unserer Geschichte sind »abwesende Väter« eher die Regel als die Ausnahme. »Abwesende Väter« – so nannte man seit vielen Generationen die einsamen Patriarchen an der Spitze des Familiengefüges. Sie versuchten, Vater zu sein, indem sie in ihrem Heim die führende und bestimmende Funktion übernahmen, doch waren sie fast unsichtbar, emotional unerreichbar und so gut wie nie präsent. Die neue Väter-Generation der 60er Jahre hatte demnach keine Vorbilder, an denen sie sich hätte orientieren können. Zudem scheint es mir, dass der Industrialisierungsprozess für die persönliche Würde der Männer ein harter Schlag war. Wenn wir auf die Stammesführer oder die Patriarchen aus frühen biblischen Zeiten zurückblicken, so müssen wir feststellen, dass sie nicht nur so etwas wie Stolz hatten, sie hatten auch eine ganz persönliche Würde, die ihre Werte und Grenzen bestimmte und die ihnen half, mit anderen Menschen gut umzugehen. Die Industrialisierung der Gesellschaft hat diese Würde des Einzelnen in kürzester Zeit zerstört – das betraf nicht nur den einfachen Fabrikarbeiter, sondern auch die Bürokraten der Stadtverwaltung sowie die niedere Führungsetage in kleineren oder größeren Betrieben. Von Menschen als Angestellte erwartete man nicht, dass ihnen ihre Arbeit Freude und Genugtuung bereitet. In den Unternehmen waren persönliche Gedanken und Emotionen nicht willkommen. Arbeit diente nur dazu, Geld zu verdienen, um eine Familie versorgen zu können.

Kinder hatten es in jener Zeit nicht leicht. Dass sie einmal ihren eigenen Weg gehen würden, war nicht vorgesehen; die meisten traten in die Fußstapfen ihrer Väter. Die Jungen fingen dort an zu arbeiten, wo bereits der Vater arbeitete, die

Mädchen wurden dazu erzogen, sich lediglich auf Mutterschaft und Haushaltspflege vorzubereiten.

In dem damaligen Kontext war die Erziehung zum Gehorsam sinnvoll, weil sich für den größten Teil der Bevölkerung keine anderen Perspektiven oder Möglichkeiten auftaten, Geld zu verdienen. Das ist vermutlich der Grund dafür, dass Bauern und selbstständige Handwerker, die immer extrem hart arbeiten mussten, um überhaupt überleben zu können, die Freiheit als obersten Wert hochhielten.

Die industrielle Gesellschaft war so beschaffen, dass sie den Menschen als Individuum zum Krüppel machte – Männer wie Frauen befanden sich unter diesem Joch. In gewisser Hinsicht waren Männer schlimmer dran als Frauen, was der Tatsache zuzuschreiben ist, dass Frauen sehr viel Zeit mit ihren Kindern verbrachten und somit an gefühlsmäßigen Beziehungen teilhatten. Das soll natürlich nicht heißen, dass es zu der Zeit zwischen Männern und Frauen gar keine emotionale Beziehung gab, doch überwog leider die Tendenz, dass sich beide in die ihnen zugedachten Rollen schickten und sich, so gut es ging, den Umständen anpassten, ohne sich dabei die Frage nach individueller Entfaltung zu stellen.

Wenn wir uns also diese plötzliche Forderung der Väter in den 60er-Jahren des vergangenen Jahrhunderts, aktive Familienmitglieder werden und am Familienleben teilnehmen zu wollen, vor Augen halten, ist dies einerseits, von einer weiblichen Warte aus gesehen, eine absolut gerechtfertigte Initiative. Denn bislang hatten den Haushalt immer Frauen in der Hand, was leider auch hieß, dass sie in ihrer persönlichen Lebensgestaltung kaum eine andere Wahl hatten. Andererseits hingegen war diese Forderung, von einer männlichen Warte aus gesehen, eine überwältigende Herausforderung – selbst für Väter, die besonders bereitwillig und motiviert waren, das Neue anzugehen.

Kinder waren die Offenbarung! Frauen hatten über Jahrhunderte Kontakt zu Kindern sowie zu anderen Frauen, und der Umgang mit Kindern öffnet nicht nur die Augen, sondern auch die Herzen. Frauen hatten seit jeher etwas in ihrem Heim, was Männer nicht hatten – weder am Arbeitsplatz noch zu Hause –, sie hatten eine persönliche Beziehung. Doch hat ihnen die persönliche Beziehung zu ihren Kindern nicht geholfen, ihrer Rolle zu entkommen und sich als authentisches Wesen zu entdecken. Es war üblich, dass die Mütter ihre Kinder dressierten, damit diese sich später leicht in die Gesellschaft, in der sie aufwuchsen, integrierten. Obwohl Mütter die Gelegenheit hatten, eine persönliche Beziehung zu ihren Kindern zu entwickeln, haben sie darauf verzichtet und stattdessen sehr früh mit dem »Training«, der Erziehung, angefangen. Mütter waren in ihrer Rolle gefangen. Und Kinder entbehrten das, was wir heute Kindheit nennen.

Obwohl Mütter nach einem von der Gesellschaft vorgegebenen Muster agierten, hieß es nicht, dass sie den Kindern nicht doch nahestanden, denn wenn Väter losbrüllten und ihre Kinder anschrien oder sie sogar schlugen, waren es die Mütter, die ihre Kinder beiseite nahmen – vor dem Vater durfte so etwas natürlich nicht geschehen – und trösteten.

Heute beobachten wir in vielen Partnerschaften, dass Frauen auf einer emotionalen Ebene gewisse Erwartungen gegenüber ihren Männern haben. Sehr viele Frauen sind auch immer wieder recht frustriert, dass sie nicht die Nähe oder gefühlsmäßige Reaktion seitens ihrer Partner erfahren, die sie sich wünschen. Und sie sind dann besessen von der Idee, dass die Männer ihnen etwas verbergen wollen, sie an ihrem Innenleben nicht teilhaben lassen wollen und fassen alles persönlich auf.

Väter fühlen sich oft unsicher oder sind ängstlich im Umgang mit Kindern. Und das ist verständlich: Es hat schon durchaus etwas Erschreckendes, wenn du dich plötzlich der bedingungslosen Liebe eines Kindes gegenübersiehst, dich nun auf das Kind beziehen und dich ihm öffnen sollst, schließlich hattest du es bislang nur mit der Liebe einer Frau zu tun, einer Liebe, die immer mit Bedingungen einhergeht. Zudem wird der authentische Bezug der Väter zu ihren Söhnen auch durch die Tatsache erschwert, dass die Mehrheit der Väter seit vielen Generationen abwesend waren und sie dadurch eine Reihe von Rollen in der Phantasie ihrer Kindern eingenommen haben. Ein Teil der Väter wurde von ihren Kindern, die sich stets nach einem Kontakt zu ihren Vätern sehnten, idealisiert, ein anderer Teil der Väter wurde gefürchtet, weil die Väter mehr oder weniger aus eigenem Antrieb die Rolle der Familienpolizei oder des Familiengerichts übernahmen – von ihnen erwartete man, korrigiert und bestraft zu werden, also hatte man als Kind zwangsläufig Angst vor ihnen. Die Geschichte der Menschheit, insbesondere der Literatur, ist voll von Beispielen unglücklicher oder gescheiterter Beziehungen zwischen Vätern und Söhnen – von Söhnen, die lebenslang um die Anerkennung des Vaters rangen, oder von Söhnen, die ihren Vater aus lauter Hass ermordet haben.

Viele Mädchen wuchsen mit einem äußerst idealisierten Vaterbild auf, weil ihre Väter sie zu ihrer persönlichen Prinzessin machten. Daher kommt es häufig vor, dass sie als Frauen 30, 40 oder gar 50 Jahre alt werden müssen, um festzustellen, wie hohl die Beziehung zu ihrem Vater eigentlich war und dass sie in ihrer Rolle als Vaters Prinzesschen eher missbraucht als gefördert worden sind.

Aus den Gesprächen, die wir mit jungen Vätern geführt haben (siehe Anhang), hört man heraus, wie sehr sie heute noch Angst haben, so zu werden wie ihre eigenen Väter.

Die Machtstruktur oder -verteilung in der Familie heute ist nicht so leicht auszumachen wie die von früher, als es, von außen betrachtet, noch eindeutig war, wer sich an der Spitze der Familienpyramide befand und die Macht innehatte – der Vater, gefolgt von der Mutter, dann von den Söhnen ab 14 Jahren aufwärts usw. Innerhalb des Familiengeschehens und in der Haushaltsführung besaßen allerdings die Mütter mehr Macht als die Väter, nur konnten sie diese Macht nicht direkt ausüben und mussten zu indirekten Mitteln sowie manipulatorischen Strategien greifen, um sich durchzusetzen. In vielen Büchern mit verhaltensregulatorischem Hintergrund wurden die Positionen der einzelnen Familienmitglieder und deren Verpflichtungen von Experten klar und deutlich formuliert. In einem dänischen Buch aus dem Jahr 1928 zum Thema Kindererziehung, von einem Mann für Frauen verfasst, wird unmissverständlich festgehalten, welche Position dem Familienvater zukommt und welche Verhaltensweisen sich daraus für Frau und Kinder ableiten. Zum Beispiel: Wenn der Gatte von der Arbeit zurückkommt und ihm das Abendessen serviert wird, sollten alle Kinder unter 15 Jahren bereits in ihren Kinder- oder Schlafzimmern sein, denn es gehörte sich nicht, dass ein Mann seine Mahlzeit in der Gesellschaft kleiner Kinder einnimmt. Das waren die Botschaften, die Mütter von – wohlgemerkt – Experten erhielten: Sie mögen ihr Bestes tun, um Kinder von ihren Vätern fernzuhalten.

Aus historischer Sicht ist es demnach nicht verwunderlich, dass Männer heute etwas verunsichert, widerwillig und ängstlich sind, wenn sie Väter werden. Ihr Hintergrund und Erfahrungsschatz ist arm – und sie stehen Frauen gegenüber, die immer stärker, selbstständiger und fordernder geworden sind.

In meiner Generation fing es an, dass Väter plötzlich das Bedürfnis hatten, ihren Kindern näher zu kommen, und dass

Väter die Beziehung zu ihren Kindern als einen besonderen Wert wahrzunehmen begannen. Wir waren auch die ersten Väter, die in Erfahrung brachten, dass wir das Verhalten nicht einfach kopieren können, dass wir das Vatersein keineswegs von den Frauen lernen können, sondern im Grunde nur von anderen Männern. Doch hatten die meisten von uns keine Väter, die wir gerne nachgeahmt hätten, also mussten wir uns nach anderen Vorbildern umschauen – nach Männern, gleichaltrige oder auch ältere, die Qualitäten besaßen, wie wir sie in uns entwickeln wollten. Und dies gilt auch für heutige Väter, die ihren eigenen Vater nicht als Vorbild nehmen wollen.

Die treibende Kraft in der Einübung der Vaterschaft sind die Kinder selbst: Ihre bedingungslose Liebe und ihr uneingeschränktes Vertrauen macht es den Vätern im direkten Zusammenspiel mit ihren Kindern möglich, väterliche Fähigkeiten zu entwickeln. Die Herausforderung für Männer besteht heute nicht nur darin, ihre Vaterschaft neu zu erfinden und zu bestimmen, sie besteht auch darin, ihre Position zu finden – in einer Partnerschaft, in der sich die Verantwortung und Macht gleichermaßen auf Frauen wie Männer verteilt und ihre Beziehung insbesondere von weiblichen Werten bestimmt ist. Es ist heute riskant, von spezifisch weiblichen und spezifisch männlichen Werten oder Eigenschaften zu sprechen, trotzdem werden die meisten mit mir übereinstimmen, dass das Hervorheben der Bedeutung von emotionalem Austausch und Interaktion ein von Grund auf weiblicher Zug ist, obwohl er auch einen allgemeinmenschlichen Wert darstellt, der sowohl Frauen wie Männern zugute kommt.

Das Thema »Vorbilder« erschöpft sich bei Weitem nicht darin, dass ein werdender oder junger Vater von einem gleichaltrigen oder älteren Mann, den er als positives Vorbild betrachtet, lernt, wie man sich als Vater zu verhalten hat.

Manchmal lernen wir sehr viel mehr von negativen Vorbildern – von jenen Menschen, die wir auf gar keinen Fall nachahmen wollen. Aber selbst wenn es sich um ein positives Vorbild handelt, kein junger Vater sollte dessen Verhalten eins zu eins übernehmen, also einfach nur kopieren, denn dann ist es nicht weit her mit seiner Authentizität und Glaubwürdigkeit als Vater.

Auf den jungen Vätern lastet heute eine große Bürde: nämlich die Forderung, sie mögen für ihre Kinder *positive* Vorbilder sein. Diese Forderung ist unrealistisch! Dass Eltern für ihre Kinder Vorbilder sind, ist klar, aber dass sie ausschließlich »gute Vorbilder« sein können, ist schlichtweg unmöglich und ein völlig illusorischer Anspruch. Ob negativ oder positiv – die Eltern, die du hast, sind dein Ausgangspunkt und deine Inspirationsquelle. Im Lauf der Zeit kommt dann vermehrt der Einfluss der Gleichaltrigen dazu.

Die Tatsache, dass viele junge Väter Angst haben, so zu werden, wie ihre eigenen Väter, und ebenso viele junge Frauen nicht in die Fußstapfen ihrer Mütter treten wollen, widerspiegelt eine echte Angst, die wir beachten sollten. Wir alle haben die Tendenz, das Verhalten unserer Eltern zu wiederholen, selbst wenn wir sehr darunter gelitten haben oder wir das Verhalten unserer Eltern auf einem intellektuellen Niveau sogar scharf kritisieren – wir wiederholen es trotzdem. Als Erklärung dieses Wiederholungsmechanismus' mag gelten, dass in unserer Ursprungsfamilie die Weichen für die Art und Weise gestellt wurden, wie man einen anderen Menschen liebt. Die Art und Weise, wie uns unsere Eltern geliebt haben, wird Bestandteil unserer selbst – ihr Verhalten wird von uns integriert, denn bis zum Alter von elf oder zwölf Jahren meint jedes Kind, es habe die besten Eltern auf der ganzen Welt. Kein Kind hinterfragt die Fähigkeiten seiner Mutter oder seines Vaters, es zu lieben, oder stellt das Verhalten, das diese Liebe zum Ausdruck bringt, in Frage. Kinder hinterfragen immer nur sich selbst: Wenn dein Vater ein destruktives Verhalten an den Tag legt, wirst du ihn als sein Kind nicht kritisieren, sondern dich selbst beschuldigen und fragen, was machst du falsch, dass er sich so verhält, wie er sich verhält. So häufen sich in jedem Kind Schuldgefühle an: »Mein Vater tut dies und jenes, weil ich ein schlechtes Kind bin.«

Die Art des Vaters, seinen Sohn zu lieben – zum Beispiel indem er ihn verbal oder sogar physisch bestraft, oder indem er ihn, immer wenn er in Not gerät, seiner Frau überlässt –, wird sich später im Verhalten des Sohnes niederschlagen. Das einzige Mittel, das diese frühe Prägung heilen kann, ist eine nahe, verantwortungs- und pflichtbewusste Beziehung zum eigenen Kind zu entwickeln. Und wo lernst du als Vater so etwas? Ganz einfach: indem du dich auf dein Kind beziehst und sein Feedback ernst nimmst. Allein durch deine eigene Willenskraft schaffst du es nicht, das Verhalten deines Vaters nicht doch zu wiederholen, du schaffst es nur, wenn du dich von deinem Kind inspirieren lässt – auf diese Weise erst wirst du allmählich dem verhängnisvollen Einfluss deines Vaters entkommen und andere Verhaltensweisen entwickeln, die dir und deinem Kind gemäß sind. Auch in diesem Fall kann dir deine Partnerin und Mutter deines Kindes nicht helfen. Selbst wenn sie merken sollte, dass dein Verhalten destruktiv ist und deinem Kind schadet, wird sie leider auf dich keinen tieferen Einfluss ausüben: Für einen Mann ist es immer sehr schwer, eine weibliche, korrigierende Perspektive wirklich zu integrieren, es ist leichter, wenn ein alternatives Verhalten von einem anderen Mann vorgeschlagen wird.

Daher finde ich Männergruppen sehr wichtig – und ich meine damit nicht das Treffen mit Freunden, wo jeder dem anderen nur vormacht, wie cool und sorgenlos er ist, wie problemlos er alles mit seiner Familie bewältigt, ich meine eine anonyme Gruppe in einem geschützten Raum, in der sich Männer regelmäßig treffen, um sich offen und aufrichtig zu begegnen.

Nach mehr als 40 Jahren Arbeit mit Familien und Paaren, erlaube ich mir zu behaupten, dass es für Kinder sehr wichtig ist, zwei verschiedene Elternteile zu haben, die mit ihnen zusammenleben. Aufgrund unserer tiefen Sehnsucht nach echtem Kontakt und echter Nähe, tendieren wir dazu zu verdrängen oder zu vergessen, dass Männer und Frauen völlig verschieden sind: Männer und Frauen denken unterschiedlich, sprechen verschiedene Sprachen und haben unterschiedliche Werte. Kurzum: Wir erfahren und interpretieren die Realität auf unterschiedliche Weise. Auch wenn diese Tatsache meistens die Kommunikation zwischen Männern und Frauen erschwert, gibt es keinen Zweifel daran, dass diese Unterschiede für unsere Kinder sehr wertvoll sind.

Mag sein, dass es für dich und deine Partnerin wichtig ist, über grundsätzliche Werte und Prinzipien in Sachen Kindererziehung übereinzustimmen, aber selbst dann werdet ihr als Mann und Frau diese gemeinsamen Werte und Prinzipien völlig unterschiedlich in euer alltägliches Verhalten übersetzen.

Zum Thema »unüberbrückbare Unterschiede zwischen Mann und Frau« gibt es kaum etwas Besseres als folgenden Witz: »Ein Mann geht an der kalifornischen Küste entlang und ist tief in ein Gebet versunken. Plötzlich hört er über sich, aus dem stark bewölkten Himmel, eine dröhnende Stimme: »Weil du so hingebungsvoll an mich glaubst, bin ich bereit, dir einen Wunsch zu erfüllen.«

Darauf der Mann: »Bau mir bitte eine Brücke von hier nach Hawaii, sodass ich, wann immer mich die Lust überkommt, hinüberfahren kann.«

»Dein Wunsch ist sehr materialistisch«, erwiderte Gott. »Denk daran, welch eine enorme Herausforderung das ist, den Grund des Pazifiks zu erreichen. Wie viel Arbeit, wie viel Mühe! Und noch dazu würde dieses Unterfangen meine natürlichen Ressourcen völlig überstrapazieren! Ich könnte zwar deinen Wunsch erfüllen, aber es fällt mir sehr schwer ihn zu rechtfertigen. Nimm dir noch ein bisschen Zeit und denk über ein Werk nach, das mich für immer zu ehren und lobpreisen vermag.«

Der Mann dachte lange nach, schließlich wendete er sich an Gott und sagte: »Du, mein Gott, was ich mir seit jeher wünsche: Mach, dass ich meine Frau verstehe! Ich möchte so sehr wissen, was sie fühlt, was sie denkt, wenn sie mir mit Schweigen antwortet, warum sie manchmal weint und was sie meint, wenn sie sagt: »Es fehlt mir nichts!«. Was kann ich tun, um meine Frau glücklich zu machen?«

Die Antwort Gottes: »Wie viele Spuren willst du auf deiner Brücke nach Hawaii haben – zwei oder vier?«

Von einem psychologischen und existenziellen Standpunkt aus betrachtet, bedeutet die Herausforderung für dich als jungen Vater heute sehr viel: Ein gleichwertiger Partner und gleichzeitig voll verantwortlicher Vater zu sein, wird dein Leben auf einer sehr tiefen seelischen Ebene bereichern. Als junger Mann stehst du vor einer besonderen Wahl: Du kannst dich entscheiden, wieder ein abwesender Vater zu werden, wie wir sie aus der Geschichte zuhauf kennen, oder du entscheidest dich, eine Beziehung zu deinen Kindern einzugehen – und das wiederum bedeutet, dass du die Erfahrung machst, durch deine Kinder genötigt und inspiriert zu werden, als menschliches Wesen zu wachsen und dich weiterzuentwickeln. Triffst du diese Entscheidung und lässt dich auf eine Beziehung zu deinen Kindern ein, wird dich dies nicht nur zu einem »besseren« Vater machen, als dein möglicherweise abwesender Vater es mal war, sondern es wird dich auch zu einem besseren Partner und Freund, zu einem besseren Manager, Unternehmer oder Arbeitnehmer machen.

Viele Väter, die wir interviewt haben, aber auch viele, die ich im Lauf meiner therapeutischen Praxis kennengelernt habe, haben die zweite Wahl getroffen und einige Monate Vaterschaftsurlaub in dem ersten Lebensjahr ihres Kindes genommen. Viele arbeiten in Führungspositionen und berichten aufschlussreich und überzeugend, wie sie gelernt haben, Führungsfähigkeiten zu entwickeln, indem sie einige Zeit mit ihrem Kind oder ihren Kindern verbracht haben. Drei bis fünf Monate mit ihrem Kind oder ihren Kindern haben ihnen mehr gebracht als professionell geleitete Seminare zum Thema »Gute Führung in Betrieben«.

Um das zu werden, was heute oft als Familienmensch bezeichnet wird, muss jeder junge Mann einen lebenslangen, ganz persönlichen Entwicklungsprozess durchlaufen. Ob du nun in diesen Prozess willentlich hineingehst und dich ihm ganz bewusst stellst oder nicht – du kannst davon ausgehen, dass jede Menge Konflikte auf dich zukommen. Ob diese Konflikte Schmerzen verursachen oder eine Kombination von schmerzhaften wie erfreulichen Erfahrungen sind, kannst du in weiten Teilen – aber gewiss nicht im Ganzen – beeinflussen.

Nach den Thesen aus der Bindungstheorie können wir davon ausgehen, dass das Phänomen der Bindung zwischen Eltern und Kindern extrem wichtig ist für die gesunde Entwicklung und Entfaltung eines Kindes, aber mindestens genauso wichtig für die künftige Beziehung zwischen Eltern und Kindern. Dieser Bindungsprozess, der in den ersten vier Jahren vonstatten geht, war lange Zeit ein absolutes Privileg der Mütter –

aber selbst heute noch ist es eine sehr optimistische Einschätzung, wenn wir davon ausgehen, dass 50 Prozent der Väter es schaffen, in den entscheidenden ersten Jahren eine Bindung zu ihren Kindern herzustellen.

Was wir Männer oft als ein überwältigendes Know-how von Müttern schätzen, ist nicht nur eine zwangsläufige historische oder gattungsgeschichtliche Folge, sondern auch ein Resultat gelungener Bindung. Um diesen Bindungsprozess zwischen dir und deinem Kind zu ermöglichen, und die Bindung auch tatsächlich herzustellen, dafür musst du sehr viel Zeit mit ihm verbringen, mit ihm durch dick und dünn gehen: durch Konflikte, Schmerzen, Krankheiten, aber auch freudige Erlebnisse mit ihm teilen, seine ersten Erfolge miterleben, mit ihm spielen und herumtollen, du musst bereit sein, dich mit Haut und Haar zu öffnen, mit Herz und Verstand dabei zu sein, um dem Kind das geben zu können, was es braucht. Aber wichtiger als alles andere ist: Du musst dem Kind den Zugang zu dir selbst ermöglichen, es spüren lassen, wer du überhaupt bist – und dabei kein Versteckspiel spielen. Das ist nicht leicht. Für die meisten Männer ist dies der schwierigste Part. Aber er erscheint ihnen nur deshalb als gefährlich und riskant, weil er ungewohnt ist.

Ich möchte gleich zu Beginn anerkennend äußern, dass sich im Laufe der letzten Generationen die klassischen weiblichen bzw. die klassischen männlichen Werte verändert haben, dass wir heute stets weibliche Charakterzüge und Werte bei Männern sowie männliche bei Frauen entdecken. Der Kampf auf der gesellschaftlichen Bühne vollzieht sich nicht mehr zwischen Mann und Frau, sondern eher zwischen dem androgynen Mann und dem Macho. Wenn ich die Männer und Väter, denen ich in den letzten 20 Jahren begegnet bin, Revue passieren lasse, dann kann ich beim besten Willen keine Konstante ausmachen: Die Männer sind sehr unterschiedlich. Was sie vielleicht verbinden könnte, ist, dass es für alle schwierig zu sein scheint, sich als Mann zu entdecken und zu definieren.

Was in der Partnerschaft von ihnen verlangt wird, ist sehr verwirrend. Sehr viele Frauen scheinen von den sogenannten »bad guys« (»bösen Jungs«) angesprochen zu sein – dem Macho-Jäger. Doch nach einer Weile beklagen sie sich, dass er nicht sensibel und verständnisvoll genug sei. Auf der anderen Seite hingegen werden Männer, die versuchen, weibliche Eigenschaften zu entwickeln und weibliche Werte zu integrieren, von vielen Frauen als langweilig und unattraktiv empfunden.

Wenn du völlig verwirrt bist und nicht mehr weißt, wer du als Mann bist, ist es keine schlechte Idee, dich unter Freunden und Verwandten umzuschauen und für dich selbst jemanden zu finden, den du gerne als deinen älteren Bruder oder sogar als deinen Vater ansehen würdest.

Im Lauf der letzten Generationen waren Frauen im Allgemeinen extrem kritisch gegenüber Männern und manchmal äußerst herablassend im Ton, wenn sie über ihre Männer sprachen – ihre Auskünfte klangen oft schlimmer als die des klassischen Machos, wenn er über Frauen spricht. Demnach ist es allzu verständlich, dass sehr viele Männer, mehr oder weniger bewusst, einen weiblichen Maßstab ansetzen, wenn sie sich selbst beurteilen. Das aber ist definitiv ein sehr schlechter Ansatz!

Die Suche nach sich selbst als Mensch ist für Mann und Frau dieselbe, genauso wie eine liebevolle und gute Partnerschaft kaum mit dem Geschlecht verbunden werden kann, sondern sie hat vielmehr damit zu tun, dass sich Mann und Frau in ihr als menschliche Wesen entfalten können.

Ein guter Vater zu sein, beruht ebenfalls auf allgemeinmenschlichen Werten. Trotzdem darfst du als Mann und Vater deine Männlichkeit nicht außer Acht lassen, denn sie ist sowohl für deine Söhne als auch für deine Töchter wichtig: für deine Söhne, weil sie nur durch dich etwas über ihre eigene Männlichkeit lernen können, für deine Töchter, weil sie nur über dich lernen können, wie man sich im Zusammenleben mit Männern anerkannt und intakt fühlen kann.

Zu deiner Männlichkeit gehört die Bereitschaft und Fähigkeit, dich mit dem weiblichen Universum vertraut zu machen, es zu verstehen und zu schätzen, und zu lernen, wie man mit den sehr großen Unterschieden zwischen den Geschlechtern, ihrer verschiedenen Art zu denken und in der Welt zu sein, umgeht.

In diesem Buch integriere ich die Erfahrungen, Emotionen und Reflexionen von Vätern, die ich im Lauf meiner 40-jährigen Praxis kennengelernt und von Vätern, die ich zusammen mit Ingeborg Szöllösi speziell für dieses Buch interviewt habe – dreizehn exemplarische Berichte von den interviewten Vätern finden sich im letzten Teil dieses Buches. Inhalt und Struktur dieses Buches sind zum großen Teil durch die vielen Beispiele aus der Praxis bestimmt. Während sich die unterschiedlichen Themen aus der Praxis entwickeln, versuche ich eine etwas allgemeinere, philosophische und existenzielle Perspektive einzunehmen, ohne jedoch die Gesinnung des Buches, das sich als Handbuch für den Vater von heute versteht, preiszugeben. Ich wende mich also in diesem Buch direkt an dich, den Vater.

Väter in der Schwangerschaft

Wenn du dein erstes Kind erwartest, werden dir die meisten Paare, die bereits Eltern geworden sind, sagen, dass es völlig unmöglich ist, sich im Vorfeld das Vatersein auch nur ansatzweise vorzustellen. Die Geburt deines Kindes wird für immer die Beziehung zwischen dir und der Frau, die gerade euer Kind in ihrem Bauch trägt, verändern. Es gibt trotzdem einige Dinge, die du als werdender Vater machen kannst, um zumindest mental vorbereitet zu sein.

Etwas, was du unbedingt machen solltest – teile deine Träume, Phantasien und Ängste mit deiner Partnerin. Und sprich mit ihr darüber, wie du dich selbst in der Rolle des Vaters siehst und wie du dir deine Partnerin als Mutter vorstellst. Versuche folgende Fragen zu beantworten: Wie wird sich mein Leben ändern, womit muss ich rechnen, welches sind dabei meine Sehnsüchte und Befürchtungen? Sprich mit deiner Frau auch über deine bzw. ihre Erwartungen – was erwartet sie von dir als Vater und Partner und was erwartest du von ihr als Mutter und Partnerin. Das heißt natürlich nicht, dass du alle ihre Erwartungen erfüllen musst oder sie deine, aber es ist gut, wenn Erwartungen offen ausgesprochen sind und nicht insgeheim gehegt werden. Ihr seid gut beraten, wenn ihr eure Erwartungen auf den Tisch legt, damit euer Umgang miteinander unbefangen ist und ihr beide wisst, woran ihr seid.

Meist sind Erwartungen, die man an den anderen Menschen hat, gar nicht bewusst und nicht ohne Weiteres abrufbar, geschweige denn formulierbar. Ein guter Weg, um eure Erwartungen zu entdecken, ist folgende Frage, die ihr euch gegenseitig stellen könnt: Warum hast du mich als Vater bzw. Mutter deines Kindes gewählt? Und damit verbunden – die Fragen: Welches sind die Qualitäten, die du in mir verkörpert siehst und die du schätzt? Welches sind deine Zweifel, solltest du welche haben?

Während die Schwangerschaft fortschreitet, wirst du bemerken, dass deine Partnerin sich immer mehr und mehr zurückzieht und in sich gekehrt ist, das bedeutet aber keineswegs, dass du sie nun verlierst, es bedeutet nur, dass sie anfängt, ihre Aufmerksamkeit zu teilen – nicht nur zwischen zwei, sondern nunmehr zwischen drei Menschen: sich selbst, dem Baby und dir, ihrem Mann.

In dieser Zeitspanne wirst du auch lernen müssen, mit unterschiedlichen sexuellen Bedürfnissen umzugehen. Einige Frauen verlieren während der Schwangerschaft ihr sexuelles Interesse, bei anderen wiederum stellt sich ein stärkeres sexuelles Bedürfnis ein und der Wunsch nach Sex ist häufiger da. Du findest es vielleicht als Mann gar nicht so unproblematisch, den Teil des Körpers deiner Frau zu penetrieren, wo sich nun dein Kind befindet, weil du Angst hast, Schaden anzurichten. Auch wenn diese Ängste unbegründet sind, hält es trotzdem einige Väter davon ab, mit ihren Frauen sexuell zu verkehren.

Wenn sie schwanger sind, gehen manche Frauen durch schwierige Zeiten hindurch – psychisch wie physisch. Das führt dazu, dass einige sehr müde und erschöpft aussehen. Andere wiederum strahlen förmlich, sind sexuell attraktiver und wirken lebendiger als je zuvor.

Die Tatsache, dass deine Partnerin anfängt, ihre Aufmerksamkeit zu teilen, um das neue Familienmitglied zu integrieren, bereitet dich auf das vor, was geschehen wird, wenn das

Kind geboren ist – und was bereits vor der Geburt in Gang kommt. Was passiert, ist ganz einfach: Du wirst von der persönlichen Hitliste deiner Partnerin von Platz 1 auf Platz 2 versetzt. Und mit ein bisschen Glück wirst du viele Jahre auf diesem Platz 2 bleiben.

Selbstverständlich ist dies ein Verlust für dich – ein Verlust, der für dich schwer zu verkraften ist. Und für deine Frau wird es schwer zu verstehen sein, dass du ihn so schwer verkraftest. Du wirst also von ihr nicht mit Sympathie, Verständnis oder gar Unterstützung rechnen können, weil sie in der neuen Situation das glasklare Gefühl hat, noch wichtiger zu sein, als sie es vorher war.

Ohne Zweifel – deine Frau wird dir gewiss beteuern, dass ihre Liebe zum Kind anderer Natur ist als die Liebe zu dir. Und es wäre nicht schlecht, wenn du ihr dabei aufmerksam zuhörst, denn es ist wahr. Sehr viele junge Männer haben einen erdenklich schlechten Start in ihr neues Leben als Väter hingelegt – wegen ihrer kindischen Eifersucht und verkehrten Obsession, ihre Frau nur für sich haben zu wollen.

Mein Rat ist, dir Hilfe zu suchen – Technologien haben dich doch oft »gerettet«, warum nicht auch in dieser Situation? Ich nenne nur ein Beispiel: Wenn du deine Frau zur Geburt eures Kindes beglückwünschst, solltest du ihr zusammen mit einem Blumenstrauß auch ein neues Handy überreichen; auf ein selbstklebendes Etikett schreibst du dann ihren Vornamen und klebst es auf ihr altes Handy, auf ein anderes Etikett schreibst du »Mama« und klebst es auf ihr neues Handy.

Warum ich so etwas vorschlage? Weil ich viele frustrierte Väter erlebe, die endlich mal wieder mit ihrer Freundin und Geliebten in Kontakt treten wollen, aber immer nur die Mutter ihres Kindes erreichen. Mit zwei Handys ist die Sache ziemlich einfach gelöst: Sie wird von nun an immer wissen, wen du ansprechen möchtest.

Wenn du meinst, dass es für dich wichtig ist, bei der Geburt deines Kindes dabei zu sein – egal, ob ihr euch für eine Hausgeburt oder eine Geburt im Krankenhaus entscheidet –, dann mach es. Dieses Erlebnis wird vor allem für den Bindungsprozess, den du mit deinem Kind eingehst, fruchtbar sein. Deine Präsenz wird zudem deiner Partnerin guttun: Du hast teil an dieser Erfahrung des Gebärens mit all den unerträglichen Schmerzen und lässt sie nicht alleine.

Es gibt allerdings auch Männer, die sich während der Geburt als ängstlich entpuppt haben – wenn du denkst und spürst, du bist eher einer von jenen, dann ist es besser, dem Kreißsaal fernzubleiben. Wie auch immer du dich entscheidest – wichtig ist, dass diese Entscheidung *deine* Entscheidung ist und nicht die deiner Frau, Freunde, Verwandten oder deines Arbeitgebers.

Dein Arbeitgeber ist nicht so unwichtig, wie es vielleicht den Anschein haben mag: Es ist keineswegs verkehrt, mit ihm über deine neue Situation zu sprechen und ihm offen mitzuteilen, dass du Prioritäten setzen willst, dass du erreichbar und präsent sein willst für deine Partnerin und dein Baby, wenn es so weit ist. Wenn dein Arbeitgeber zum Beispiel nicht einverstanden ist, dass du ein paar Tage freimachst, wenn deine Frau entbindet, dann solltest du dich rechtzeitig nach einem anderen Job umschauen, denn die Geburt deines Kindes ist nur das erste Mal, wo dich deine Partnerin und dein Kind brauchen werden oder du ihnen nahe sein möchtest, es wird noch viele andere Male geben – das musst du unbedingt bedenken. Heutzutage schätzen die meisten Arbeitgeber die Tatsache, dass ein Mann ein verantwortlicher Vater und Partner sein will. Das bedeutet nämlich, dass er auch ein sehr verantwortlicher Arbeitnehmer ist.

Ich betone es aber noch einmal – geh lieber zur Arbeit und nicht in den Kreißsaal, wenn du nicht überzeugt bist und es nicht wirklich willst. Es kann sein, dass du sogar die Erfahrung machst, dass dein Umfeld dich unter Druck setzt – dass dir zum Beispiel gleichaltrige Männer und Väter einreden, bei der Geburt unbedingt dabei sein zu müssen. Betrachte dies als eine gute Gelegenheit, dir deine eigene Meinung zu bilden – willst du wirklich gleich von der Geburt deines Kindes an involviert sein oder lieber erst etwas später? Mach es nicht für dein Image, mach es nicht für deine Frau oder dein Kind, mach es für dich selbst! Triff eine Entscheidung für dich! Es ist die erste von vielen wichtigen Entscheidungen, die deine neue Rolle erfordern wird.

Was du des Weiteren machen kannst, besprich mit anderen Vätern! Du wirst voraussichtlich feststellen, dass viele Väter eher widerwillig über ihre Probleme sprechen. Aber mit etwas Einfühlungsvermögen und Geduld werden schließlich alle sehr gerne Erfahrungen und Gedanken mit dir austauschen.

Es ist beispielweise nicht ungewöhnlich, dass Väter in den ersten paar Monaten nach der Geburt ihres Kindes gemischte Gefühle zu ihrer Vaterschaft und bezogen auf ihr Baby haben. Sie sind einerseits sehr glücklich, euphorisch, sehr gespannt, neugierig sowie durch und durch engagiert, aber andererseits sind sie auch sehr besorgt und ängstlich, viele fühlen sich inkompetent und betrachten sich als linkisch, unwissend, ja ignorant. Diese Erfahrungen haben nichts mit den jeweiligen Frauen und Kindern zu tun, sie spiegeln reale Konflikte in jedem Mann selbst wider, die jedoch einen Mann nicht gleich zu einem »schlechten Vater« machen.

Viele junge Eltern inszenieren den sehr verbreiteten und bekannten Wettstreit: »Wer sind die besten oder die perfekten Eltern?« Und wegen ihres Ehrgeizes wachen sie alle mit einem Bündel Unsicherheiten und Ängstlichkeiten auf, haben ein schlechtes Gewissen und sind total verwirrt. Ich empfehle dir und deiner Partnerin, diesem Wettstreit fernzubleiben. Und damit will ich zum Ausdruck bringen, dass es für mich ganz klar ist: Eltern, die in diesen Wettbewerb einsteigen, verlieren ihn. Das einzige realistische Ziel, das ihr euch setzen könnt, ist so »gut« zu werden, wie ihr es selbst für euch als Vater bzw. als Mutter werden wollt.

Du und dein eigener Vater

Einer der interviewten Väter äußerte: »Mein Vater ist schon sehr lange gestorben. Er kennt keines seiner Enkelkinder. Manchmal erschrecke ich, wenn ich fürchte, dass ich genauso wie er meinen Kindern gegenüber reagieren könnte. Manche Dinge, z.B. seinen ewigen Rückzug, sein Ausweichen vor jeder Auseinandersetzung mit uns, kann ich inzwischen besser verstehen und entschuldigen.« Ein anderer: »An vielen Begebenheiten erkenne ich heute, warum mein Vater ist, wie er ist, ja wieso ich von ihm das eine oder andere übernommen habe. Heute kann ich besser verstehen, was für mich früher unbegreiflich und ein zerreißender Konflikt war. Mit Vateraugen sieht die Welt ein wenig anders aus. Ich habe in den letzten Jahren meinem Vater verzeihen können. Vieles, was mir in meiner eigenen Vater-Kind-Beziehung zuwider gelaufen ist, wurde mir auf einmal klar und erklärbar. Danach hat sich das Verhältnis zu meinem Vater auf einer neuen Beziehungsebene eingependelt. Was ich seitdem noch nicht geschafft habe, ist, mit meinem Vater über diese Themen zu reden. Für diese Dinge Worte zu finden und sie ins Gespräch einfließen zu lassen, ist sehr schwer. Mein Vater ist nun 75 Jahre, er will sein Leben und sich selbst nicht mehr ändern. Ich glaube es ist einfach gut und wichtig für mich persönlich, Versöhnung gefunden zu haben, meinem Vater Frieden schenken zu können.«

Oder ein anderer: »Dadurch dass ich nun selbst Vater bin, habe ich damit angefangen, über meine eigene Kindheit zu reflektieren, um mir noch mal zu verdeutlichen, wie meine Kindheit und die Beziehung zu meinem Vater war: Will ich auch so ein Vater werden? Ich habe recht schnell festgestellt, dass dies nicht der Weg ist, den ich einschlagen möchte. Ich möchte für meinen Sohn ein guter Freund sein, der natürlich auch hin und wieder Entscheidungen treffen muss, die meinem Sohn nicht gefallen werden, dies gehört dazu. Aber ich möchte doch versuchen, viele Entscheidungen durch Absprache mit meinem Sohn gemeinsam zu treffen. Für mich ist klar, dass ich nicht den autoritären Erziehungsstil meines Vaters haben möchte. Und ich hoffe, dass mir dies auch gelingen wird.

Manchmal, wenn mein Vater mit seinem Enkel zusammen ist, erkenne ich in Äußerungen, die er zu meinem Sohn sagt, meine eigene Kindheit wieder. Was ich früher so hingenommen habe, versuche ich nun heute von meinem Sohn abzuwenden und reagiere durchaus kritisch auf die Belehrungen meines Vaters.

Wenn wir drei Generationen Männer zusammen sind, spüre ich auch einen ungemeinen Stolz auf meinem Sohn, wenn er meinen Vater zum Lachen bringt oder die beiden miteinander spielen. Es ist ein wunderbares und erhebendes Gefühl. Unterm Strich hat sich in der Beziehung zu meinem Vater aber nichts geändert, seit ich nun auch Vater bin.«

Oder: »Ich sehe im Umgang mit meinen Kindern immer wieder Situationen, in denen ich genau weiß, wie mein Vater reagieren würde (er tut es als Großvater immer noch) und ich sehe dann meine Reaktion im Vergleich dazu. Ich denke, ich habe ein ganz anderes Verständnis von Erziehung als meine Eltern.«

Der amerikanische Wissenschaftler Daniel Stern, der die frühe Beziehung zwischen Mutter und Kind eingehend erforscht hat, spricht von »Mutterschaftskonstellation« und meint damit das Mutterbild, das Frauen in sich tragen und das später ihre eigene Rolle als Mutter beeinflusst. Das Gleiche gilt für die Vaterschaftskonstellation, auch wenn diese noch bei Weitem nicht so erforscht und detailliert beschrieben ist wie die Mutterschaftskonstellation.

Die Väter, die wir hatten, waren genauso, wie wir sind – sie haben ihr »Bestes« getan, sprich: Sie haben bewusst oder unbewusst das wiederholt, was sie kannten. Die meisten Väter haben sich der Vaterschaft in einer konformen Weise angenommen, sie haben sich angepasst – entweder weil sie keine andere Wahl hatten oder weil diese Wahl nicht wichtig für sie war. Unsere Väter haben uns gute und schlechte Erfahrungen mit auf unseren eigenen Lebensweg gegeben. Ihre Art und Weise, Vater zu sein, ist für uns, im positiven wie im negativen Sinne, eine Inspirationsquelle – auf vielen verschiedenen existenziellen Ebenen.

Wenn du deinen eigenen Vater als eine sehr distanzierte, vielleicht sogar brutale Person vor Augen hast, wird dich das möglicherweise beeinflussen, indem du sein Verhalten übernimmst oder im Gegenteil: es verabscheust und einen ganz anderen Weg einschlägst. Wenn dein Vater ein sehr schüchterner Mann war und die Tendenz hatte, Konflikte zu vermeiden, dann wird dich diese Tatsache ebenfalls beeinflussen.

Die Angst, du könntest deinen Vater wiederholen, vor allem das, was du als destruktives Verhalten bei ihm wahrgenommen hast, ist eine ganz reale und berechtigte Angst. Aber keine Sorge, die Qualität eines Vaters wird nicht allein on seinem Verhalten bestimmt, es besteht auch in seiner Bereitschaft und Fähigkeit, Verantwortung für sein eigenes Verhalten zu übernehmen, statt dauernd seine Kinder zu beschuldigen und zu tadeln.

Möglicherweise erleben beide Elternteile, wenn sie erst

mal Eltern geworden sind, etwas Vergleichbares, nämlich, dass an die Oberfläche gespült wird, was wir das »innere Kind« nennen. Das heißt, sowohl gute wie schlechte Erfahrungen, durch die du als Kind hindurchgegangen bist, Erfahrungen, die du vielleicht verdrängt oder vergessen hast, werden reaktiviert. Demnach wirst du eine neue Perspektive entwickeln müssen, um die Art zu verstehen, wie dein eigener Vater es geschafft hat, ein Vater zu sein.

Niemand wächst in einer Familie auf, ohne verletzt zu werden und dabei destruktive wie selbstdestruktive Verhaltensweisen zu entwickeln. Für dieses destruktive bzw. selbstdestruktive Verhalten sind unsere Eltern verantwortlich, solange wir mit ihnen leben, aber wenn wir das Erwachsenenalter erreicht haben, müssen wir selbst die Verantwortung übernehmen. Die Verantwortung für unser Verhalten zu übernehmen, macht das Erwachsenwerden eines jeden Einzelnen aus – emotional und existenziell. Und wenn du selber Vater wirst, ist das eine gute Gelegenheit, sich daran zu erinnern: Übernimm Verantwortung und beobachte, was passiert! Das ist eine konfrontative Idee und wichtige Anregung.

Als Vater hast du die Möglichkeit, dich selbst aus der Perspektive des Kindes anzuschauen. Und wenn du Glück hast, und dein eigener Vater ist noch am Leben, dann hast du sogar die Möglichkeit, ihn aufzusuchen und mit ihm über all das zu sprechen, was dich momentan als junger Vater beschäftigt – was waren seinerzeit seine Gedanken bei deiner Geburt, was seine Motive, warum hat er dies oder jenes getan, warum einiges unterlassen, warum ist er dem oder jenem aus dem Weg gegangen? Mit anderen Worten – alle Informationen, die du früher nicht bekamst, als dein Vater dich mit dem Satz: »Ich habe mein Bestes getan!« abservierte, kannst du vielleicht zu diesem, etwas späteren Zeitpunkt von ihm erhalten.

Ich selbst war ein ausgesprochen schlechter Vater in den ersten zwei-drei Lebensjahren meines Sohnes. Ich habe immer wieder meine Nerven verloren, herumgebrüllt und getobt. Wie ich mit meiner Frustration fertigwerden und wie ich mit meinem Ärger in einer etwas konstruktiveren Weise umgehen könnte, war mir schleierhaft. Zweifellos hatte mein Verhalten mit dem meines eigenen Vaters zu tun: Er tendierte dazu, Konflikten aus dem Weg zu gehen und immer mit Schweigen zu reagieren. Dass ich schließlich zu seinem Gegenteil wurde, war keine bewusste Wahl, das hat sich einfach in dieser Weise vollzogen. Hatte das Verhalten meines Vaters Schuldgefühle in seinem Sohn hervorgerufen, rief nun mein Verhalten Angst hervor.

Meine Frau versuchte es immer wieder, mich darauf aufmerksam zu machen, aber ich konnte das, was sie mir sagen wollte, nicht verstehen, geschweige denn annehmen. Ich war lediglich in der Lage, mich erneut schuldig zu fühlen. Erst als mein Sohn selber beschlossen hatte, mich mit meinem Verhalten zu konfrontieren – er erhob eines Tages als Dreijähriger seine Stimme so laut, wie er konnte, und sagte mir: »Hör auf!« –, erst dann war es mir plötzlich möglich, aufzuhören und zuzuhören. Langsam und allmählich veränderte sich mein Verhalten – langsamer allerdings, als ich es gewollt hätte, doch habe ich meinen Sohn seither nie mehr für mein Verhalten getadelt oder ihm die Schuld zugeschoben. Auf diese Weise hat mir mein Sohn geholfen, erwachsen zu werden – niemand sonst hätte das vermocht.

Vater sein bedeutet nicht nur eine Intimität zwischen dir und deinen Kindern zu erzeugen oder mit ihnen ab und zu etwas Zeit zu verbringen, es ist auch eine Frage der Führung. In meinem Leben gab es drei bis vier Männer, die für mich Führungspersönlichkeiten darstellten. Von jedem einzelnen habe ich viel gelernt – aber mit Abstand mehr von den Situationen, in denen sie ohnmächtig, hilf- oder ratlos waren, als von denen, in denen sie alles im Griff hatten. Ich konnte also mehr von ihnen lernen, wenn sie sogenannte negative Vorbilder als ausschließlich positive Vorbilder waren.

Unterschätze den Einfluss nicht, den dein Vater auf dein eigenes Vatersein hatte, auch wenn du denkst, dass er die meisten Dinge falsch gemacht hat und du sie anders machen willst. Wenn du das große Los gezogen hast und einen Vater hattest, der in deinen Augen ein phantastisches Vorbild war und vielleicht noch ist, dann schätze dich glücklich, aber vergiss nicht, dass dein Kind anders ist, als du einst warst. Also kann es sein, dass dein Kind vielleicht einen anderen Vater braucht als der, mit dem du so sehr zufrieden warst, auch wenn er dir noch so ideal erscheinen mag.

Es gibt Männer, die meinen, sie hatten den perfekten Vater. Selbstverständlich wollen sie so werden wie ihr Vater. Sie idealisieren ihn dabei gar nicht, sie sehen ihn so, wie er war – mit all den vielen Eigenschaften, die ihnen imponieren und die sie gerne übernehmen wollen. Aber es kann sein, dass ihr Kind oder ihre Kinder etwas ganz anderes brauchen – das muss man sich vor Augen halten! Andere Männer wiederum wollen keineswegs so werden wie ihr Vater und versuchen alles, was in ihrer Macht steht, zu tun, um nicht in die Fußstapfen des »Alten« zu treten – auch da gilt dasselbe Eingeständnis: Es kann sein, dass dein Kind etwas ganz anderes braucht, als du dir vorstellst.

Ob du willst oder nicht, dein eigener Vater wird Inspiration, Anregung, Impuls für dich als Vater sein.

Macht und Verantwortung

Heutzutage kannst du frei entscheiden, welche Struktur und Funktion deine Familie haben soll. Du kannst dich für eine klassische Rollenverteilung entscheiden, dann bist du als Vater der Alleinversorger, und deine Frau ist für den Haushalt und die Kinder zuständig. Oder umgekehrt, du entscheidest dich für ein Modell, in dem die Frau als Versorgerin gilt, während der Mann für Haushalt und Kinder zuständig ist, oder aber für das Modell, das heute weit verbreitet ist: Beide arbeiten und sind gleichermaßen Versorger und Betreuer der Kinder sowie verantwortlich für die anstehenden Aufgaben im Haushalt; das funktioniert, wenn man eine Übereinkunft trifft und die Arbeiten gut verteilt.

Aus einer professionellen Perspektive betrachtet, ist es nicht möglich, sozusagen von oben herab zu bestimmen, welches von den angeführten Modellen besser, zuträglicher, angemessener ist. Grundlegend ist, dass die beiden Erwachsenen darin übereinstimmen, wie das Familienleben strukturiert und gestaltet werden kann, aber wichtig ist auch, dass beide Partner einsehen, dass diese Struktur und Gestaltung vielleicht nicht ewig tragfähig ist und immer wieder flexibel variiert werden muss.

Ich will mich nun einem alten Mythos zuwenden, dass Mütter wichtiger für Kinder seien als Väter. Zwar meinen viele Psychologen und Therapeuten, ihn längst aus der Welt geschaffen zu haben, tatsächlich aber sitzt er immer noch in vielen Köpfen tief drin und richtet Schaden an.

Die letzten zwanzig Jahre wissenschaftlicher Forschung in der Bindungstheorie haben klar gezeigt, dass ein Kind die Mutter dem Vater nicht vorzieht, wenn beide gleichermaßen zur Verfügung stehen: Es wird sich auf beide Elternteile beziehen. Abgesehen vom Stillen ist in den Augen eines Kindes der Vater genauso willkommen und kompetent wie die Mutter. Das Kind wird sich also manchmal entscheiden, dass es lieber auf seine Mutter zugeht, aber genauso häufig wird es den Kontakt zum Vater suchen – unter der Bedingung, dass beide Elternteile zur Verfügung stehen. Das Kind wechselt seinen Bezug zu den Elternteilen und ist mit beiden völlig glücklich. Was übrig bleibt, ist lediglich unsere eigene Fehleinschätzung, dass Mütter besser seien als Väter – ein Phänomen, das unter dem Begriff Mutterchauvinismus bekannt ist.

Mütter haben die Tendenz, von sich zu denken, sie seien unentbehrlich – nach dem Motto: »Mutti ist die Beste!« Sie ist durch nichts und niemanden zu ersetzen. Was du als Vater aus einer solchen Einstellung folgern solltest, ist: Du kannst nicht erwarten, dass dir deine Partnerin den Raum gewährt, den du brauchst, um dich als Vater zu bewähren, auch nicht, dass sie dir von sich aus die Verantwortung überlässt. Du musst dir als Vater den Raum den du brauchst, selber nehmen, um eine Beziehung zu deinem Kind entwickeln zu können.

In diesem Zusammenhang ist es notwendig, den Unterschied zwischen Verantwortung und der Erledigung von Aufgaben zu begreifen. Tatsache ist, dass 80 % aller Frauen sagen, dass sie sich wie alleinerziehende Mütter empfinden, selbst wenn sie einen Ehemann haben. Diese Feststellung seitens der Frauen erleben Männer sehr oft als unfair, ungerecht und beleidigend, denn die Männer ihrerseits empfinden, dass sie mindestens so viele Aufgaben erfüllen wie ihre Frauen. Was die Aufgabenverteilung angeht, haben diese

Mütter unrecht, aber was die allumfassende Verantwortung für das Kind betrifft, könnten sie recht haben, wenn sie sich als alleinerziehend empfinden: Die ganze Verantwortungslast liegt auf ihren Schultern.

Daher müssen wir uns jetzt die Frage stellen: Was bedeutet geteilte Verantwortung in Bezug auf das Kind?

Wenn sich Vater und Mutter die Verantwortung für ihr Kind teilen, heißt das, dass sowohl der eine als auch der andere Elternteil hundertprozentig die Verantwortung für das gemeinsame Kind übernimmt: Die Verantwortung für ein Kind kann nicht 80 % zu 20 % oder 50 % zu 50 % geteilt werden. Verantwortung ist nichts Theoretisches, was sich irgendwie an einem Verhandlungstisch aufteilen lässt, Verantwortung ist eine ganz konkrete Erfahrung und bedeutet: Wer hat den Überblick darüber, wann das Kind die nächste Kontrolle beim Arzt wahrnehmen muss; wer geht zum nächsten Elternabend im Kindergarten oder in der Schule; wer kümmert sich darum, dass das rasch heranwachsende Kind auch immer passende neue Kleider bekommt, dass die Größe der Windeln angepasst wird, dass das Kind zu einem Kindergeburtstag gebracht wird usw. Wenn beide, sowohl die Mutter als auch der Vater, den Überblick über das haben, was das Kind braucht, dann ist das ein gutes Zeichen, dann heißt es, beide sind in der Tat gleichermaßen verantwortlich. Hat nur einer den Überblick, dann ist es ganz klar: Dieser Elternteil trägt die Verantwortung.

Wenn also deine Frau tatsächlich immer Bescheid weiß, was im Leben eures Kindes gerade wichtig ist – egal, ob es sich dabei um Windeln, Kleidung oder Geburtstagsfeier handelt –, dann ist sie bei euch die Verantwortliche. Und wenn das für sie in Ordnung ist und sie damit einverstanden ist, dann sieh zu, dass du diese ihre Leistung anerkennst und ihr für ihren wichtigen Beitrag dankst, es sei denn, du willst dich einbringen und die Verantwortung übernehmen.

Verantwortung, die die Dinge des täglichen Leben betrifft, kann meist nicht geteilt werden – ich denke dabei an praktische Dinge wie das Auto reparieren oder zur Reparatur bringen, den Garten pflegen, die Wohnung putzen usw. Selbstverständlich könnten beide für diese Alltagsnotwendigkeiten verantwortlich sein, aber es ist zugegebenermaßen praktischer, wenn nur einer sich darum kümmert, also wenn diese Aufgaben aufgeteilt werden. Selbstverständlich könnt ihr euch beide für die Finanzen zuständig fühlen, aber bei den meisten Paaren ist es einfach so, dass einer in der Buchhaltung oder -führung immer besser ist als der andere. Es ist also durchaus in Ordnung, wenn ihr darüber offen sprecht, wer am besten was übernimmt. Und die Verteilung dieser Aufgaben muss nicht nach dem Gleichheitsprinzip laufen, 50 % der Aufgaben ich und 50 % du, um in einer guten Paarbeziehung zu leben.

Mit Kindern jedoch ist das anders – mit Kindern musst du entweder akzeptieren, dass einer von euch beiden verantwortlicher ist als der andere und daher auch mehr Macht hat als der andere, oder du musst dich einbringen und deinen Teil beanspruchen. Viele Mütter werden protestieren und behaupten, sie seien kompetenter als ihre Männer – das könnte sogar stimmen. Aber das Einzige für dich als Vater, was dich instand setzen wird, Kompetenz zu erlangen, ist zu üben und zu praktizieren. Demnach musst du auf deinem Recht beharren, diese Fähigkeiten und Fertigkeiten mit deinem Kind auf deine Weise einzuüben – und um das tun zu können, musst du Gelegenheiten haben.

Es ist in Ordnung, deine Frau zu beobachten, wie sie bestimmte Aufgaben erledigt. Auch ist es gut, dich von ihr beraten zu lassen, wie sie die Windeln wechselt oder euer Kind füttert und es schlafen legt, aber dies sollten für dich nur Anregungen sein und keine starren Rezepte, die du unbedingt zu befolgen hast. Versuche niemals, deine Frau zu kopieren! Finde deinen speziellen Bezug zu deinem Kind!

Du musst auf jeden Fall damit rechnen, dass deine Partnerin, zumindest in den ersten paar Jahren, ziemlich verstimmt sein wird, wenn du mit dieser Forderung an sie herantrittst: dass du voll und ganz die Verantwortung für das Kind übernehmen willst. Sie wird dich eigensinnig, stur, kindisch nennen, aber das solltest du ignorieren und darauf bestehen, dass du einen Abend oder Nachmittag mit dem Kind allein verbringen möchtest ohne ihre Oberaufsicht.

Mütter haben den großen Vorteil, dass sie ihr Kind neun Monate in ihrem Körper »beherbergen«. Dieses Erlebnis stattet die Mütter mit einem bestimmten Radarsystem aus, das ihnen sehr oft in Bezug auf ihr Kind behilflich ist: Sie spüren, wie es dem Kind geht, was gerade schlecht läuft, wo es ein Problem gibt oder welches Problem neu aufgetaucht ist.

Verglichen mit der Mutter deines Kindes bist du als Vater ein Amateur. Der einzige Weg, diesen Unterschied auszugleichen, ist, mit deiner Frau übereinzukommen, dass sie dich mit eurem Kind allein lässt – zum Beispiel nach dem Motto: »Pump and go!« Das heißt: Wenn dein Kind fünf oder sechs Monate alt ist, ermutige deine Frau, Muttermilch abzupumpen und dann mit ihren Freundinnen auszugehen oder auch alleine ins Kino oder Theater, zum Sport oder Shoppen zu gehen, während du mit dem Kind zu Hause bleibst; du wirst es betreuen und ihm Muttermilch aus der Flasche geben. Klar, das Kind wird erstmal protestieren, aber dieser Protest gilt nicht dir, sondern der Flasche!

Später, wenn das Stillen nicht mehr nötig oder nicht mehr möglich ist, kannst du sogar deine Partnerin ermutigen, euch beide längere Zeit alleine zu lassen – beispielsweise kann sie sich ein Woche Auszeit nehmen und verreisen. Das kannst du zwei-drei Mal wiederholen, bevor das Kind zwei oder drei Jahre alt ist. Dabei wirst du entdecken, welch einmalige, teils beängstigende Erfahrung es ist, als Einziger im Haus der Verantwortliche zu sein. Aber diese Erfahrung wird dir im Gegenzug auch zeigen, was es überhaupt bedeutet, 24 Stunden lang verantwortlich für dein Kind zu sein. Du wirst ein durch und durch realistisches Bild vom Zusammenleben mit deinem Kind erhalten – und du wirst dabei dieses ganz bestimmte Radarsystem in dir entwickeln, von dem du anfänglich meintest, es sei so exklusiv auf Mütter zugeschnitten.

Wenn deine Frau klug ist und wirklich möchte, dass sich deine Bindung und Verantwortlichkeit gegenüber deinem Kind stärkt, wird sie mitmachen. Wenn sie nicht bereit ist, dann müsst ihr beide ein ernsthaftes Gespräch über Verantwortung und Macht führen. Es könnte der Fall eintreten, dass du als Vater erneut entscheidest, dich zurückzuziehen und das Feld deiner Frau zu überlassen. Wenn du diese Verhaltensalternative wählst, versichere dich innerlich, dass du das machst, weil du das wirklich so willst und nicht, um es deiner Frau recht zu machen, um ihr zu gefallen oder um Konflikte zu vermeiden. Eine von vielen Konsequenzen wird die sein, dass die Bindung zwischen dir und deinem Kind nicht stattfinden kann – zumindest nicht auf dem qualitativen Niveau, wie es geschehen könnte, wenn sie einwilligen würde, dir das Kind häufig zu überlassen. Es könnte sogar sein, dass dir dieser Mangel an Bindung zu deinem Kind oder zu deinen Kindern in eurem Alltagsleben gar nicht besonders auffällt, obwohl sie dich im Grunde auch nicht anders betrachten wie einen distanzierten Vater von anno dazumal, du wirst es vielleicht nicht so wahrnehmen. Aber wenn beispielsweise der Fall eintritt, dass eure Partnerschaft nicht mehr funktioniert und ihr auseinander geht, dann wirst du diesen Mangel an Bindung schmerzhaft spüren und eine Bindung zu deinem

Kind herzustellen, wird für dich zur großen Herausforderung. Denn du wirst »genötigt« sein, mit deinem Kind ein ganzes Wochenende zu verbringen – und du wirst dich wie viele andere Väter, die so eine Erfahrung durchlebt und mir davon erzählt haben, als inkompetent, inadäquat und eigentlich gar nicht als Vater, sondern eher als Onkel deines Kindes fühlen. Die frühkindliche Bindung zu deinem Kind wird dir fehlen.

Die Überlegenheit der Mütter in Bezug auf die Kinder ist genauso ein Allgemeingut wie die Überlegenheit der Männer, wenn es um den Unterhalt der Familie geht. Bei vielen Männern, die Frauen mit einem größeren Einkommen heiraten, als sie selbst es haben, stellen sich häufig ernsthafte Identitätsprobleme ein.

Die relevante und wichtige Frage bezüglich der geteilten Verantwortung für die Kinder wird vor allem dann akut, wenn du behinderte oder chronisch kranke Kinder hast, weil die Verantwortung und die Aufgaben, die mit dem Aufwachsen dieser Kinder verbunden sind, sehr viel größer sind als im Normalfall. Eine einzige Person ist keineswegs imstande, sie so zu bewältigen, dass sie für alle Beteiligten gleichermaßen befriedigend ablaufen.

In diesem Zusammenhang muss ich etwas über Männer und ihre Entwicklung anmerken: Ein älterer Kollege von mir sagte mir mal vor langer Zeit, dass es einer Frau bedarf, um aus einem Jungen einen Mann zu machen, und entsprechend eines Mannes, um aus einem Mädchen eine Frau zu machen. Dass diese Behauptung der Weisheit letzter Schluss ist, will ich keineswegs nahe legen, sie scheint aus heutiger Sicht auch etwas altmodisch zu sein, was aber auf jeden Fall stimmt, ist, dass es einer langen, intensiven und sehr engagierten Beziehung zu einem Erwachsenen bedarf, um als menschliches Wesen wachsen zu können.

Häufig berichten Frauen, die sich als alleinerziehend empfinden, obwohl sie verheiratet sind, dass ihr Ehemann so etwas wie ein »Extra-Kind« für sie ist. Schaut man sich dann das Verhalten dieser Männer an, kommt man wirklich zu dem Schluss: Diese Männer sind in Kinderschuhen stecken geblieben. Diese Tatsache erzählt uns im Grunde zwei Geschichten – die Geschichte eines Jungen, der nicht erwachsen geworden ist, aber auch die Geschichte einer Frau, die einen Jungen einem Mann vorzieht. Für dieses Phänomen gibt es viele Gründe. Ich erwähne bloß einige, an denen du als werdender Vater etwas ändern kannst, wenn du dich in dieser Situation befindest.

Einer der Gründe, weshalb du vielleicht noch immer ein Junge bist statt ein Mann, hat mit der Aufteilung der Rollen in deiner Ursprunsfamilie zu tun. Wenn dein Vater ein abwesender Vater war, war er ganz gewiss auch ein abwesender Geliebter und Partner. Und diese klassiche Konstellation führt dazu, dass viel Mütter damit anfangen, ihren Jungen mehr Aufmerksamkeit zu schenken als ihren Töchtern, und die Jungen lernen sehr schnell, dass es da einen Mutterservice gibt, auf den sie sich rund um die Uhr verlassen können. Diese Situation führt jedoch dazu, dass diese jungen Männer eine Vorstellung von Liebe in sich tragen, die genau mit dieser mütterlichen Serviceleistung zu tun hat: Liebe ist für sie etwas, was man dauernd empfängt, rund um die Uhr bekommt man etwas. So beginnt ohne Zweifel die Mutter-, aber auch die Vaterliebe: Du musst dein Kind rund um die Uhr versorgen.

Mädchen werden in dieser Hinsicht sehr viel früher reif als Jungen, weil sie früher in Erfahrung bringen, dass Liebe nicht nur nehmen bedeutet, sondern auch geben. Spätestens wenn sie Mütter werden, erfahren sie es, dass Liebe damit zu tun hat, sich bedingungslos hinzugeben. Und allerspätestens wenn du Vater wirst, musst du für dich diese wichtige Entscheidung treffen, ob du bereit bist, dein mentales Bild von dem, was Liebe ist, zu beeinflussen und zu verändern. Die schnellste Art, diesen Prozess in Gang zu setzen, ist, dich möglichst bald deinem Baby zu widmen, dich ins Geschehen zu involvieren und – so gut es dir gelingt – eine verantwortliche Beziehung zu dem Neugeborenen zu entwickeln.

Die Frage nach Macht und Verantwortung, die Männer und Frauen in ihren Familien haben, kann nicht ein für allemal beantwortet werden – sie wird in jeder Familie immer wieder als Thema auftauchen und zu Auseinandersetzungen führen. Das Wichtigste, was ich dir empfehlen kann, ist, keine Zeit mit unnützen Machtspielchen zu verlieren oder mit deiner Partnerin regelrechte Machtkämpfe auszutragen. Das bringt dich (aber auch sie) keinen Schritt weiter. Was du dir in diesem Zusammenhang merken musst, ist, dass Macht in der Beziehung zu deinem Kind ganz eng mit deiner Verantwortung zu deinem Kind verbunden ist. Vielleicht trägst du Verantwortung für die finanzielle Situation der Familie, aber das bedeutet noch lange nicht, dass du dann im Familienganzen oder bezogen auf deine Kinder der »Mächtige« bist. Was ich unter Macht verstehe, hat damit nichts zu tun. Macht fällt nur dem zu, der bereit ist, die Verantwortung für das Kind oder die Kinder zu übernehmen. Macht bezieht sich nicht auf Dinge wie zum Beispiel folgender Fall: »Ich bin der Ansicht, dass es notwendig ist, mein Kind jeden Tag um dieselbe Uhrzeit ins Bett zu legen, meine Frau denkt darüber anders – mal sehen, wer gewinnt?« Das ist kindisch und hat mit Macht nichts gemein.

Ein entscheidender Test, den es als Mann zu bestehen gilt, liegt in der Frage, wem gegenüber du dich als loyal erweist – ist es deine Mutter oder deine Frau? Zu deinem Erwachsenwerden als Mann gehört es zwangsläufig dazu, dass du deiner Frau gegenüber loyal bist und dich nicht dauernd deiner Mutter gegenüber verpflichtet fühlst. Konkret bedeutet dies: Du musst lernen, deiner Mutter »nein« zu sagen. Schaffst du es, deiner Mutter »nein« zu sagen, wirst du es später auch deiner Partnerin gegenüber schaffen. Und das wird vor allem für deine Söhne wichtig sein – für ihre Entwicklung: Sie werden beobachten, dass du nicht stets alles deiner Frau recht machen möchtest und allem mit »ja« begegnest, sondern dass du auch zu Widerstand und Konfrontation in der Lage bist.

Wenn du als erwachsener Mann und Vater noch immer zwischen deiner Partnerin und deiner Mutter hin und her lavierst und völlig gefangen bist, heißt es, dass du die Entscheidung, wem gegenüber du loyal sein willst, nicht getroffen hast.

Ich erwähne diesen Aspekt, weil uns alle die Sehnsucht verbindet, wertvoll zu sein für die Menschen, die uns nahestehen: für unsere Partner, Eltern, Kinder und gute Freunde. Und wenn du wertvoll sein willst für die Frau, die du liebst, musst du lernen, ihr gegenüber »nein« zu sagen, was nichts anderes heißt, als: Du sagst zu dir selbst »ja«. – Wenn du nicht wirklich sicher bist, was für ein Typ Mann du sein willst, empfehle ich dir nicht, deine Frau oder deine Mutter zu fragen, was sie sich wünschen. Finde es selbst heraus – und lass dir Zeit!

Ich erwähne dies, weil in den letzten dreißig Jahren sehr viele Männer versucht haben, das zu werden, was sich Frauen aus ihrer nächsten Umgebung gewünscht haben. Und dieser Versuch muss zwangsläufig in einem Desaster enden – sowohl für den Mann selbst, als auch hinsichtlich seiner Beziehung zu Frauen. Ich werde im Kapitel »Partner oder Butler sein« näher darauf eingehen.

Deine Position als Mann

»Wie finde ich eine klare, eigenständige Position gegenüber meiner Frau? Damit Kinder sehen können, dass Männer ihren ›allwissenden‹ Frauen gegenüber starke Persönlichkeiten sind und sich nicht auf Machtspiele einlassen.« – Diese Frage stellt ein Vater, der sich wie viele andere bereit erklärt hatte, für dieses Buch seine Problematik als Vater zu schildern.

Die Antwort auf diese wichtige Frage bezieht sich nicht direkt auf das Thema Macht, sondern eher auf eine Variation dieses Themas und zielt auf eine bestimmte Mischung von Präsenz und Durchsetzungvermögen ab.

Eine klare, eigenständige Position gegenüber deiner Frau zu erwerben, bedeutet nicht, dass du dich als Mann und Vater auf einen Familienkampfschauplatz begibst, wo einer gewinnt und einer verliert, sondern es fordert deine Fähigkeit heraus, zu deinem Kind eine Beziehung herzustellen, damit dein Kind dich ganz selbstverständlich als eine Sorge tragende Autorität akzeptiert. Dieses Ziel wirst du am schnellsten erreichen, wenn ihr beide – du und dein Kind – viel Zeit miteinander verbringt. Dazu habe ich bereits ein paar Vorschläge gemacht, aber ich möchte zusätzlich betonen, wie wichtig es ist, dass du eine Sache rechtzeitig mit deiner Partnerin klärst: dass du einen freien Raum für dich und dein Kind benötigst, ohne dass sie immer im Hintergrund steht und dir Ratschläge gibt. Versichere dich, dass dir diese Zeit, die du alleine mit deinem Kind verbringen möchtest, zugestanden wird und unternimm dann mit ihm alles, was dir wichtig erscheint: Geh mit ihm spazieren oder auf den Spielplatz, lies ihm eine Geschichte vor dem Schlafengehen vor, nimm es mit, wenn du mit deinen Freunden ausgehst oder wenn du Lust auf einen Kaffee hast; wenn du Künstler bist, lass es in deinem Atelier malen oder mit Lehm eine Figur kneten usw.

Es ist ein ganz natürliches Phänomen, dass Kinder, wenn sie ratlos sind oder sich einfach nur autauschen wollen, wenn sie Probleme haben oder regelerecht frustriert sind, den Elterneil suchen, mit dem sie die meiste Zeit verbringen und von dem sie meinen, dass er sie am besten versteht. Wenn du fühlst, dass du auf festem Boden stehst, was die Beziehung zu deinem Kind betrifft, dass sich zwischen euch ein gegenseitiges Verständnis und eine unverwechselbare Intimität eingestellt hat, wann immer ihr beide zusammen seid, dann kannst du dir sicher sein, dass deine Position in der Familie klar und eigenständig ist: Dein Kind wird diese deine Stellung nie anzweifeln.

Vergiss nicht, dir zu erlauben, Fehler zu machen! Das wird deine Position keineswegs schwächen, im Gegenteil: Dein Kind wird deine Authentizität und Echtheit schätzen.

Wenn du beispielsweise mit deinem Kind ausgehen willst und deine Frau hält dich an der Haustür auf und meint, das Kind brauche wärmere Klamotten, dann denk darüber ernsthaft nach, und wenn du anderer Meinung bist als sie, lass dich nicht aufhalten und geh mit deinem Kind einfach los, auch wenn sich deine Frau eventuell aufregt oder dich sogar beschimpft – dieser Sturm geht bald vorbei. Diese Verhaltensweise ist für dich die einzige Möglichkeit, deiner Partnerin zu signalisieren, dass sie in dich Vertrauen haben kann, dass du dir sehr wohl dessen bewusst bist, welche Verantwortung du hast, dass du aber diese Verantwortung für dein Kind gerne und bewusst auf dich nimmst. Dieses Vertrauen kannst du niemals erwerben, indem du *über* deine Kinder oder dein Kind sprichst: Dieses Vertrauen lässt sich nur im simplen Alltagsleben bilden – es erwächst allmählich daraus, dass du wirklich etwas mit deinem Kind unternimmst, ohne deine Frau als Supervisorin mit dabei zu haben.

Ich will damit nicht nahelegen, dass du nie einen Rat von deiner Frau akzeptieren und prinzipiell auf Widerstand aus sein solltest, denn das ist kindisch und unproduktiv – deine Position wirst du damit nicht stärken. Frag sie um einen Rat oder nimm ihren Rat an – aber nur, wenn du selbst glaubst, dass du ihn brauchst, und nicht etwa, weil du dich ihr gegenüber »korrekt« verhalten willst.

Eltern sind im Allgemeinen extrem sensibel, wenn man ihnen ein wie auch immer geartetes Feedback dazu gibt, wie sie mit ihrem Kind umgehen könnten oder sollten. Mütter sind davon nicht ausgeschlossen. Deshalb ist es wichtig, dass ihr beide, du und deine Frau, in eurem Zuhause eine Kultur etabliert, in der ein Feedback erst dann erfolgt, wenn es wirklich erwünscht ist. Also, bevor du deiner Frau ein Feedback gibst, warte lieber ihre Einladung dazu ab, statt gleich loszulegen. Zum Beispiel kannst du andeuten: »Ich habe etwas beobachtet, wenn du unser Kind in der Früh anziehst, möchtest du, dass ich es dir sage?« – Wenn sie Ja sagt, sag es ihr. Wenn sie sagt: »Nicht jetzt!«, dann sag es zunächst nicht und warte ab, bis sie dich dazu auffordert.

Wir sind alle sehr unterschiedlich, weil wir einen unterschiedlichen Hintergrund haben. Einige sind in ihrer Kindheit dauernd von ihren Eltern und anderen Erwachsenen kritisiert worden. Diese Erfahrung ist prägend und führt oftmals zu einer ganz bestimmten Verhaltensweise: Alles, was man später zu ihnen sagt – jede harmlose Bemerkung und jeder gutgemeinte Tipp –, wird als Kritik aufgefasst. Beobachtest du an dir, dass du auch diese Tendenz aufweist, musst du aufpassen und den anderen Menschen nur dann einladen, dir sein Feedback zu geben, wenn du wirklich imstande bist, dir seine »Kritik« anzuhören, sonst bewirkt und ändert dieses Feedback nichts. In derselben Weise musst du achtsam sein und spüren, ob und wann deine Partnerin überhaupt bereit ist, sich dein Feedback anzuhören. Wenn du es ihr aufdrängst, wird es euch keinen Schritt weiterbringen.

Diese paar elementaren Hinweise solltet ihr beide beachten, sonst findet ihr euch in ewigen Streitereien wieder – über das, wovon jeder von euch meint, es sei das Richtige für euer Kind. Das ist völlig absurd, denn *das* Richtige gibt es nicht. Und bedenke die Tatsache: selbst wenn du denkst, ihr sprecht über euer Kind, sprecht ihr über zwei verschiedene Kinder: Das Kind, das du wahrnimmst, ist nicht das Kind, das deine Partnerin wahrnimmt. Das objektive Kind gibt es nicht. Und statt sich damit auseinanderzusetzen, was euch beiden als richtig oder falsch erscheint, statt endlos zu diskutieren und zu argumentieren, solltet ihr lieber die Zeit damit verbringen, euer Kind und seine Reaktionen zu beobachten.

Es gibt Eltern, die in der Tat glauben, dass sie keine Fehler machen. Schätz dich glücklich, wenn du nicht zu dieser Fraktion gehörst, denn dann wäre dein Kind ernsthaft in Gefahr.

Deine Beziehung zu deinem Kind ist einmalig, die deiner Partnerin ist es ebenfalls – damit müsst ihr beide leben. Es ist »verlorene Liebesmüh'« zu meinen, Streitereien würden euch zu »perfekten Eltern« machen – solche Streitereien führen lediglich zu Verstimmtheit und Misstrauen zwischen dir und deiner Partnerin. Nie zu streiten, ist natürlich auch unrealistisch: Ihr werdet immer wieder in völlig verrückte, irrationale Streitigkeiten geraten, in denen ihr euch so verhaltet, als wären die Schuhe des Kindes oder sein Mittagessen eine Frage von Leben und Tod.

Genauso wie ein Kind ungefähr fünf Jahre braucht, um die Grenzen und Begrenzungen seiner Eltern kennenzulernen, so wird es dich und deine Frau fünf bis zehn Jahre kosten, um eure Grenzen und Begrenzungen als Lebensgefährten herauszufinden – das kann euch nur dann gelingen, wenn ihr eure Grenzen gegenseitig überschreitet, nur so sammelt ihr die nötige Erfahrung und das nötige Know-how für euer Zusammenleben. Wenn du daran zweifelst, vergegenwärtige dir Folgendes: Wenn Gott gewollt hätte, dass Kinder Eltern haben, die in allem deckungsgleich sind und immer das gleiche Verhalten an den Tag legen, die denselben Ambitionen nachgehen und dieselben Zielen verfolgen, dann wäre es für die Kinder nicht nötig gewesen, zwei Elternteile zu haben, und für Gott leichter, nur einen Elternteil vorzusehen.

Der alte Spruch, Eltern sollten in Erziehungsfragen einer Meinung sein, kommt aus einer Zeit, in der Erziehung nichts anderes war als ein Machtkampf zwischen Eltern und Kindern, deshalb wurde es als wichtig erachtet, dass die beiden mächtigsten Familienmitglieder, Vater und Mutter, vereint gegen die Kinder auftreten. Aus meiner mehr als vierzigjährigen Erfahrung mit Paaren und Familien kann ich berichten, dass ich noch nie Eltern getroffen habe, die in allem einer Meinung waren. Es kann sein, dass viele Paare auf einer theoretischen oder philosophischen Ebene harmonieren und bei vielen Lebensaspekten Übereinkunft herrscht, im Familienalltag jedoch äußern und verhalten sich Mann und Frau unterschiedlich – für Kinder ist das ein wunderbares Geschenk.

Auf meinem Weg bin ich einigen Eltern begegnet, die behauptet haben, Einvernehmen und Einverständnis seien für sie sehr wichtig. Sie gingen sogar so weit zu meinen, dass auch ihre Eltern bzw. Schwiegereltern dieselben Meinungen teilen sollten und hielten zudem Ausschau nach Kindergärten und Schulen, in denen ihre Ansichten zum Tragen kamen. Für die persönliche und soziale Entwicklung eines Kindes ist dies ein gefährlicher Pfad – freiwillig sollte man ihn nicht wählen.

Ich kenne das beliebte Argument, das gern für diese fast schon ideologische Gleichschaltung herangezogen wird: das Kind fühle sich geborgener. Tatsächlich aber werden die Möglichkeiten des Kindes, etwas über die Welt und die anderen Menschen zu lernen, äußerst begrenzt bleiben, denn diese Kinder wachsen unter einer Glasglocke auf. Wenn ein Kind auf seinem Weg unangenehme oder unerfreuliche Begegnungen mit anderen Erwachsenen hat, ist es besser, über diese Erfahrungen mit dem Kind zu sprechen, statt das ganze Umfeld so umzumodeln, dass es nur noch der Meinung ist, die man selbst für richtig erachtet. Es gibt natürlich einige Fälle, in denen Eltern entweder einer Meinung sein oder zu einem Kompromiss bereit sein müssen, mit dem sie beide leben können – beispielsweise, wenn es um die Suche und das Bestimmen einer Tagesmutter, eines Kindergartens oder einer Schule geht.

Wie man in einer Familie mit Konflikten umgeht und sie löst, werde ich in einem anderen Kapitel behandeln, hier ging es mir lediglich um die Frage nach der klaren, eigenständigen Position gegenüber der Frau im familiären Kontext.

Deine Position als Vater

Nicht wenige Väter beklagen, dass sie für ihre Kinder Luft seien: Bezugsperson der Kinder ist ausschließlich die Partnerin; selbst wenn sie als Väter anwesend sind, wenden sich die Kinder immer an die Mutter: »Für die Kinder ist meine Frau die Ansprechpartnerin. Ich habe keine Autorität. Selbst wenn ich am Wochenende zu Hause bin, laufen die Kinder immer zur Mama. Mich fragen die Kinder nie nach meiner Meinung. Die Führung hat bei uns meine Frau, sie will sie nicht abgeben oder kann sie nicht abgeben. Doch will sie sich jetzt beruflich neu orientieren, sie wird also öfters mal Seminare an anderen Orten belegen, und ich bleibe dann einige Tage mit den drei Kindern allein zu Hause – darauf freue ich mich sehr. Ich erhoffe mir eine engere Beziehung zu meinen Kindern und für meine Frau mehr Freiraum.« Oder ein anderer Vater: »Ich habe beschlossen, mir drei Jahre für die Kinder Zeit zu nehmen, nicht weil ich unbedingt den inneren Drang hatte, *Vater* zu sein, sondern es ist eher so, dass ich mich in den letzten Jahren einfach nur überflüssig gefühlt habe. Ich kam meist todmüde und genervt aus der Arbeit und hatte kaum Kontakt zu den Kindern. Meine Frau war sehr oft unzufrieden, weil ich mich am Abend nicht mehr um die Kinder kümmerte. Entscheidend für diesen Entschluss war, dass ich damals, als ich ihn traf, beruflich sehr unzufrieden war. Ich habe dann aber das Fach gewechselt und bin jetzt beruflich sogar sehr zufrieden. Trotzdem werde ich nun drei Jahre zu Hause bleiben – es sind jetzt erst anderthalb Wochen vergangen. Ich freue mich, endlich Kontakt zu den Kindern zu haben, *alleine* mit ihnen zu sein, denn als ich die obligatorischen zwei Monate nahm, war meine Frau die ganze Zeit da, sodass ich mich erst recht überflüssig gefühlt habe.«

Über die Modalitäten, wie man als Vater gegenüber seiner Partnerin zu einer eigenen Position findet, haben wir bereits gesprochen, es folgt nun die Frage: Wie stelle ich es als Vater an, dass meine Kinder nicht nur meine Frau als ihren Ansprechpartner betrachten, sondern auch mich, ihren Vater?

Kinder haben ein klares Bild von dem, der sozusagen der »Chef« in ihrer Welt ist. Wenn die Mutter die Hauptverantwortliche ist, dann spüren das die Kinder und wenden sich selbstverständlich an sie. Manchmal geht das sogar so weit, dass sie es ganz und gar ablehnen, vom Vater ins Bett gebracht oder gefüttert zu werden; sie weigern sich, mit ihm Hausaufgaben zu machen oder zu spielen.

Mir ist, als mein Sohn zwei Jahre alt war, dasselbe widerfahren: Er hat es schlichtweg abgelehnt, von mir ins Bett gebracht zu werden, was für mich sehr schmerzhaft war, denn ich musste in der Zeitspanne sehr viel arbeiten und war viel auf Reisen, sodass ich mich immer sehr auf den Samstagnachmittag freute: Ich kam nach Hause und hatte ein großes Verlangen, mit meinem Sohn zusammen zu sein. Doch egal, was ich tat, er lehnte es vehement ab, mit mir durch die tägliche Routine zu gehen, und sagte auf Schritt und Tritt: »Ich will meine Mutter!« Am Anfang hat meine Frau meine Versuche, mit meinem Sohn Zeit zu verbringen, sabotiert. Sie hat es nicht getan, weil sie die Macht an sich reißen wollte – nein, sie konnte einfach den Konflikt zwischen mir und meinem Sohn nicht ertragen, er war viel zu schmerzhaft für sie, sodass sie konstant intervenierte und vorschlug: »Lass mich das mit ihm machen! Ich kann ihn doch ins Bett bringen.« Zum Glück habe ich sehr schnell herausgefunden, dass das keine gute Idee war, sie gewähren zu lassen. Ich bat sie, sich herauszuhalten und den Konflikt mit meinem Sohn mir zu überlassen: Ich wollte, dass er Vertrauen zu mir fasst, und nahm dafür seinen Unmut und Frust in Kauf. Konkret bedeutete dies, wenn ich ihn beispielsweise zu Bett bringen wollte, dass ich ihn eher schlecht als recht die Treppen hinaufschleppte – denn dass ich mit ihm im Einvernehmen und friedlich die Treppen hochging, davon konnte zunächst keine Rede sein –, trotzdem versuchte ich ihn fürsorglich die Treppen hinaufzutragen, zog ihn aus, putzte ihm die Zähne, legte ihn ins Bett und fragte ihn schließlich, welche Geschichte ich ihm vorlesen soll. Und ich erinnere mich ganz genau: Er lag einfach da, mit einem aufgebrachten Gesichtsausdruck, und antwortete nicht. Schließlich nahm ich ein Buch zur Hand, las daraus eine Geschichte und erst, nachdem ich ihm eine gute Nacht gewünscht hatte, umarmte er mich und wünschte mir auch eine gute Nacht. Dies wiederholte sich acht- bis zehnmal in einigen Monaten, aber dann hatte ich meinen Weg in sein Universum als ein vertrauenswürdiger Vater gebahnt.

Dieses Phänomen, dass Kinder ihren Müttern mehr Vertrauen entgegenbringen als den Vätern, nimmt in den meisten Fällen seinen Lauf gleich nach der Geburt, wenn Väter mit ihrem Neugeborenen dasitzen und plötzlich ist das Baby frustriert, weil es Bauchschmerzen hat oder hungrig ist oder aus einem anderen Grund, und fängt an, laut zu weinen. Viele Mütter nehmen in solchen Situation das Baby gleich wieder an sich, ohne zu fragen, ob der Vater es ihnen überlassen will. Doch leider sind die meisten Väter so verunsichert, dass sie sogar von sich aus ihrer Frau das Baby sofort überlassen. Wenn ein kleines Kind in den ersten paar Wochen und Monaten immer wieder diese Erfahrung macht, ist es klar, dass es immer, wenn ihm etwas schwerfällt, ihm etwas wehtut oder es frustriert ist, die Mutter sucht: »Mama ist die Einzige, zu der ich gehen kann!« Das drückt das Kind mit seinem Verhalten aus.

Selbst wenn dein Kind so einen Start ins Leben erfahren hat und nun bereits älter ist, kannst du als Vater deine Haltung ändern, indem du ihm in einem ruhigen Augenblick sagst: »Mir ist aufgefallen, dass ich dich immer, wenn etwas für dich schwierig war, deiner Mutter überlassen habe. Ich habe das getan, weil ich einfach nicht wusste, was ich machen soll, und ich dachte, dass deine Mutter es besser weiß als ich. Es tut mir leid! Ich will von nun an auch für dich da sein, wann immer du Schwierigkeiten oder Schmerzen hast, oder wenn du unglücklich bist.« Wichtig ist, dass du dies alles in deiner Sprache ausdrückst, versuche nicht in eine kindgerechte Sprache hinüberzuwechseln, denn sonst wird deine Botschaft beim Kind nicht ankommen und es wird dir nach wie vor kein Vertrauen entgegenbringen. Hast du diese Sätze zu deinem Kind gesprochen, sollten den Worten Taten folgen. Du musst dann als Vater vielleicht etwas Ähnliches tun wie ich, als ich meinen Sohn zurückerobern wollte: Du musst dir einen Zugang zu seiner Welt erringen. Keine Sorge, das Kind wird sich nicht ewig sträuben und widersetzen, denn es wird merken, dass du für deine Sache und nicht gegen das Kind oder seine Mutter kämpfst. Gegen die Mutter deines Kindes anzurennen, führt nur dazu, dass das Kind sogar eine noch viel tiefere Beziehung zu ihr entwickelt. Daher fokussiere dich nur auf die Beziehung zu deinem Kind und nimm diese Beziehung ernst. Es lohnt sich, für sie zu kämpfen. Kämpfe nicht *gegen* andere, sondern *für* dich selbst. Und merke dir, dass es dafür nie zu spät ist – du kannst dies mit einem einjährigen Kind machen, mit einem zehnjährigen oder einem fünfundzwanzigjährigen, aber tue es für dich und nicht für dein Image.

Was du bei diesem Prozess des Weiteren beachten solltest: Die meisten Kinder durchlaufen unterschiedliche Phasen, in denen sie einen Elternteil mehr suchen als den anderen. Egal ob Junge oder Mädchen, haben sie mit fünf, sechs oder sieben Jahren die Tendenz, sich ihrem Vater verstärkt zuzuwenden. Das hängt unter anderem auch davon ab, ob der Vater erreichbar ist und zur Verfügung steht.

Wenn es zu Situationen kommt, wie ich sie vorhin im Falle meines Sohnes beschrieben habe, wenn du dich also als Vater qualifizieren willst, indem du dein Kind ins Bett oder auf den Spielplatz oder zum Arzt bringst, du es badest oder anziehst, mach immer nur das, was du tun willst, und verliere keine Zeit mit unnötigen Verhandlungen über das, was du tun willst – das heißt konkret, frag dein Kind nicht: »Möchtest du denn, dass dich dein Papa ins Bett bringt?«, um dann seine Antwort zu erzwingen: »Ja, bring mich ins Bett!« Denn wenn du für dein Tun sein Einverständnis brauchst, überlässt du ihm die Verantwortung – es wird dann deinen Wunsch gewiss als eine große Bürde empfinden. Und diese Bürde lastet auf seinen Schultern und nicht auf deinen. Sag ihm, was du willst, und tue, was du willst! Verhandle nicht! Und wenn dein Kind protestiert, brüllt, schreit oder weint, wenn es sagt, es will seine Mutter bei sich haben, dann sag ihm in einem freundlichen Ton: »Ich bin dein Vater und ich möchte dich heute alleine baden.« Selbst wenn deine Frau neben dir steht und dich für dein Verhalten kritisiert, weil sie dich als kalt und ohne jegliche Empathie empfindet, mach dir keine Sorgen: Was du vorhast, ist genau das, was ihr, du und dein Kind, braucht, um wieder in eine gute Beziehung zu treten. Du fragst dich vielleicht: »Ist dies nicht eine grobe Missachtung der Grenzen meines Kindes?« – Nein, es ist Führung. Das heißt, du gibst deiner Familie und deinem Kind das, was beide brauchen, und nicht nur das, was sie sich in diesem oder jenem Augenblick wünschen.

Vater sein, wenn Erziehung nicht mehr geht

Auch wenn wir unser Bestes tun, um unsere Kinder in einer Weise großzuziehen, dass sie ein glückliches und erfolgreiches Leben führen, gehen unsere Kinder trotzdem durch viele schwierige Phasen hindurch, in denen sie sich mit vielen Problemen und Konflikten auseinandersetzen müssen. Die Probleme und Konflikte, die sie im Lauf ihres Erwachsen-Werdens erfahren, scheinen oft größer und sehr viel dramatischer zu sein, als diejenigen, die im Kindergarten oder in der Grundschule auftauchen. Spätestens wenn deine Kinder in die Pubertät kommen, wirst du merken, dass dir im Umgang mit ihnen die sogenannten Erziehungsmaßnahmen nicht weiterhelfen. Viele Eltern versuchen es immer wieder, erzieherisch auf ihre Kinder, die allmählich zu Jugendlichen heranreifen, einzuwirken, aber bisher ist es kaum einem Elternpaar gelungen, etwas Fruchtbares auf diesem Wege zu bewirken.

Wie ich in meinem Buch »Pubertät – wenn Erziehen nicht mehr geht« (Kösel Verlag 2010) betone: Dein Kind braucht deine aktive und stets gegenwärtige Teilnahme an seinem Leben, und zwar in jeder Phase seines Lebens – egal, ob es 14, 18 oder 24 Jahre alt ist. Auf der Suche nach einem Begriff, der sinnvoll beschreibt, welche Rolle du als Vater im Leben eines Jugendlichen spielen kannst, bin ich auf einen Fachausdruck aus dem professionellen Box-Training gestoßen, nämlich dem des Sparringpartners. Ein Sparringpartner ist ein Trainingspartner, der seinem Gegenüber dazu verhilft, möglichst fit zu werden. Ein solcher Trainingspartner sieht in seinem Gegenüber das Potenzial zum Champion und unterstützt ihn dabei, dieses Potenzial zu entwickeln und erfolgreich einzusetzen. Die Rolle des Trainingspartners ist einfach: Er muss danach trachten, maximalen Widerstand zu bieten und minimalen Schaden anzurichten.

Um als Vater die Rolle eines Sparringpartners zu erfüllen, musst du dich von allen bisherigen, historischen Vorbildern befreien. Dies heißt zum einen: Du musst so authentisch wie möglich sein und zu deinen eigenen Werten und Lebenserfahrungen stehen, und zum anderen: Du musst diese Werte und Lebenserfahrungen deinem Sohn oder deiner Tochter so vermitteln und anbieten, dass du ihnen dabei ermöglichst, ihren eigenen Weg zu finden.

Es ist interessant zu beobachten, wie oft Eltern sich sehr viel loyaler anderen Erwachsenen oder Institutionen als ihren eigenen Kindern gegenüber verhalten. Dieses elterliche Verhalten zeigt sich sehr früh: Wenn ein Kind von der Schule nach Hause kommt und sehr traurig darüber ist, wie ihn seine Lehrerin oder sein Lehrer heute behandelt hat, dann wird gewiss entweder seine Mutter oder sein Vater mit der Frage: »Und was hast du angestellt?« antworten. Damit suggeriert der jeweilige Elternteil dem Kind eindeutig: Du musst etwas Schlimmes getan haben, damit sich die Lehrerin oder der Lehrer so verhält.

Die Alternative, die ich Eltern in so einem Fall vorschlage, lautet ganz gewiss nicht: Verbünde dich mit deinem Kind gegen die Lehrerin oder den Lehrer. Nein, die Alternative ist: Interessiere dich für das Wohlergehen deines Kindes und finde heraus, was wirklich passiert ist, statt dich auf Vermutungen oder falsche Annahmen zu verlassen! Finde heraus, warum dein Kind traurig ist oder leidet. Wenn du keine Zeit und Energie für diesen Dialog erübrigst, gehörst du auch zu denen, die immer noch das alte Spiel der einseitigen Schuldzuschreibung betreiben. Wenn dies einem Jugendlichen zustößt, dann wird das sein Einsamkeitsgefühl in dieser ohnehin nicht leichten Lebensphase noch steigern.

Wenn wir uns die traditionelle Rollenverteilung vor Augen führen, so können wir feststellen, dass der Beitrag der Mütter eher fürsorglicher und emotionaler und der der Väter eher beruflicher Natur war – das heißt, der Vater hatte die Aufgabe, das Kind auf der »richtigen Spur« zu halten. Doch kann in der Pubertät ein Vater, der sich als Sparringpartner seines Sohnes versteht, sehr viel mehr bewirken. Da Männer meist rationaler an Dinge herangehen, ist die Rolle des Sparringspartners für den Vater geeigneter als für die Mutter. Deine väterliche Unterstützung ist für einen Jugendlichen extrem wichtig und kostbar: Sie ist keine Garantie, dass dein Sohn oder deine Tochter deinen oder den vermeintlich »richtigen« Weg gehen wird, sondern deine Unterstützung wird es deinem Kind möglich machen, seinen eigenen Weg zu finden.

In diesem Zusammenhang möchte ich auf die Geschichte eines Vaters verweisen (siehe Anhang, »Achim«), der über die gewaltigen Schulprobleme seines Sohnes berichtet und darüber, wie er damit umgegangen ist. Die »Moral seiner Geschichte«, wie er sie selber zusammenfasst, ist: »Vater verzage nicht! Vertraue darauf, dass deine Kinder es schaffen. Und wisse: Sie können vieles selbst – aber nicht alleine. Sie brauchen Väter (und Mütter), die an sie glauben, wenn keiner mehr an sie glauben mag.«

Wenn die väterliche Unterstützung nicht ausbleibt, wird diese Erfahrung das Kind mit etwas bereichern, das es sehr oft im Leben brauchen wird; sie wird das Vertrauen, das die Eltern in das Kind haben, stärken und den Dialog zwischen den Generationen lebendig erhalten. – Wenn also dein Kind die Schule abbrechen oder die Ausbildung wechseln oder sich von seiner Partnerin oder seinem Partner trennen möchte, braucht es einen Vater, der ihm zuhört und ihn mit seiner eigenen Erfahrung oder Lebensklugheit unterstützt. Er braucht keinen Vater, der immer alles besser weiß und immer Lösungen bereithält, sondern einen Vater, der auf den Sohn oder die Tochter eingeht und in Dialog tritt.

Für einen sechszehnjährigen Jugendlichen ist es ein gewaltiger Unterschied, ob sein Vater sich mit den Worten: »Du scheinst gerade unglücklich zu sein mit deinen schulischen Angelegenheiten…« an ihn richtet, oder mit den Worten: »Streng dich mal ein bisschen an, das kann doch alles nicht so schwer sein!« Wenn diese Worte traditioneller Erziehung dir als Erstes bei den Schulproblemen deines Sohnes in den Sinn kommen, dann sage sie lieber nicht und denke erstmal einige Minuten oder auch Tage über folgende Situation nach: Was würdest du deiner Frau sagen, wenn sie eines Tages zu dir kommt und dir mitteilt, dass sie mit ihrem Leben als Hausmütterchen oder mit ihrem Beruf oder mit ihrem Arbeitsplatz unzufrieden ist? Wenn du darüber nachgedacht hast, wirst du wahrscheinlich Worte finden, die empathischer, liebevoller und produktiver sind als: »Streng dich an!« – Dieselbe Verhaltensweise ist zu empfehlen, wenn dein erwachsener Sohn oder deine erwachsene Tochter zu dir als Vater kommt und dir mitteilt, wie unglücklich er oder sie mit ihrer Ehe oder mit seiner bzw. ihrer Rolle in ihrer neuen Familie ist. Lass dich ein, hör gut zu und biete das Beste, was du zu bieten hast, aber lass ihm bzw. ihr die Freiheit, seine bzw. ihre Wahl zu treffen.

Du fragst dich vielleicht, weshalb gerade Väter so wichtig sind für Jugendliche und erwachsene Kinder? Die Antwort ist einfach: Jugendliche, aber auch erwachsene Kinder fühlen sich sehr schlecht, wenn sie ihre Eltern in Sorge versetzen oder unglücklich machen – und da eher Mütter dazu tendieren, verbergen Kinder die problematischen Seiten ihres Lebens vor ihnen und finden es bequemer, ihre Sorgen dem Vater mitzuteilen. Väter sind also besonders in den schwierigen Lebenslagen ihrer Kinder gefragt, vorausgesetzt, die Väter verfallen nicht in die Muster alter Erziehungsschule und rekapitulieren unbrauchbare Sätze.

Mit Konflikten umgehen

In jeder Beziehung, die auf gegenseitiger Liebe beruht, wirst du Konflikte erleben – jeden Tag, jede Woche, jeden Monat. Als Paar und Eltern heißt dies, dass wir vor folgende Wahl gestellt sind: Entweder wir akzeptieren die Konflikte und versuchen, sie in dem Augenblick zu lösen, in dem sie auftauchen, oder wir kehren sie unter den Teppich und hoffen, sie verschwinden von allein, was sie allerdings niemals tun.

Konflikte entstehen sehr schnell: Immer wenn Menschen unterschiedliche Träume, Sehnsüchte, Bedürfnisse, Ziele haben, kommt es zu einem Konflikt. Ob dieser Konflikt dann dramatisch wird oder recht schnell gelöst werden kann, hängt vom Temperament jener Menschen ab, die darin involviert sind, und von ihrer persönlichen Geschichte.

Bevor du dieses Kapitel zu Ende liest, empfehle ich, dir einige Minuten oder sogar Tage Zeit zu nehmen, um über deine Lebensgeschichte nachzudenken und zu überlegen, in welchen Situationen es in deinem Leben zu einem Konflikt kam.

Einige von uns sind in Familien aufgewachsen, in denen die Eltern nur wenige oder gar keine Fähigkeiten hatten, Konflikte zu lösen. Harmonie war dort oberstes Gebot, das heißt: In solchen Familien wurden Konflikte entweder ignoriert oder unterdrückt, bevor man die Möglichkeit gehabt hätte, über sie zu sprechen. Andere sind in Familien aufgewachsen, wo Konflikte mit Brüllen und Schreien, mit rüden Beschimpfungen, Anschuldigungen und Schuldzuweisungen, oder sogar mit psychischer oder physischer Gewalt einhergingen. Egal in welcher Familie ein Mensch aufwächst, er wird von der Art und Weise, wie in seiner Ursprungsfamilie mit Konflikten umgegangen wurde, geprägt, und diese Prägung wird seinen weiteren Weg bestimmen. Ungefähr die Hälfte aller Kinder, die in Familien aufwuchsen, in denen verbale und physische Gewalt an der Tagesordnung war, wird dieses Verhalten wiederholen, die andere Hälfte wird versuchen, Konflikte zu vermeiden oder jeden Konflikt, der sich einstellt, zu intellektualisieren oder mit Schweigen zu übergehen.

Menschen, die in Familien aufwuchsen, wo das oberste Gebot Harmonie war, werden in ihrer eigenen Familie dieselbe Idee verfolgen und allen Konflikten aus dem Weg gehen oder sie in sich hineinfressen, egal ob sie wichtig sind oder nicht, ob sie groß oder klein sind. Aber es werden auch viele genau nach dem gegenteiligen Programm verfahren und auf das Ideal der Harmonie mit Wut und Aggression, mit verbaler und physischer Gewalt reagieren.

Welchen Hintergund du auch immer hattest und ganz gleich, ob du damit einverstanden bist oder nicht: Deine Haltung zu Konflikten ist von der Art und Weise bestimmt, wie deine Eltern mit Konflikten umgegangen sind – nicht nur mit ihren eigenen Konflikten als Paar, sondern auch mit den Konflikten, die sie mit dir und deinen Geschwistern hatten. Aber man muss in diesem Zusammenhang auch der Tatsache Rechnung tragen, dass wir alle mit unterschiedlichen Temperamenten ausgestattet sind: Einige mögen es, über Konflikte zu reflektieren, bevor sie darüber reden, andere wiederum explodieren sofort.

Menschen, die sich verlieben, gehen für gewöhnlich anders mit Konflikten um als Menschen, die gerade nicht verliebt sind. Wenn ein Philosoph eine Primadonna heiratet, werden sie an diesen Unterschieden einige Jahre arbeiten müssen, bis sie einen gemeinsamen Weg finden, mit Konflikten umzugehen und sie zu lösen, trotzdem wird ihr Verhalten nicht identisch sein.

Da der Mann, historisch gesehen, nie Teil der emotionalen Infrastruktur der Familie war und sich oft sogar am Arbeitsplatz machtlos fühlte, hat er nicht sehr viele Erfahrungen im Umgang mit Konflikten. Und viele Männer träumen insgeheim den Traum von der perfekten Beziehung, wo es keine Konflikte gibt, nur Harmonie, Austausch und guten Sex. Frauen wiederum haben eine andere Art, eine Beziehung zu leben – sie sind öfter diejenigen, die die Initiative ergreifen und Konflikte auf den Tisch legen, weil sie das Bedürfnis und den Wunsch haben, über diese zu sprechen, sie zu analysieren und zu lösen.

Zweifellos gibt es in jeder Beziehung eine Reihe von Konflikten, und das erfordert von beiden Seiten, sowohl von Frauen als auch von Männern, das Geschick, diese Konflikte herauszufinden, zu benennen und zu lösen. Es ist nicht fair, diese Verantwortung den Frauen allein zu überlassen.

Wenn du mit einer Frau zusammenlebst, die gerne über Konflikte redet, während du selbst es nicht tust, dann hast du Glück gehabt. Viele Männer tendieren leider dazu, Konflikten aus dem Weg zu gehen – einfach weil sie nicht mit ihnen umgehen können. So kommt es, dass sie Standardformulierungen entwickelt haben wie: »Ich weiß nicht, was du meinst?« oder »Warum ist dies ein Problem?« oder »Müssen wir darüber jetzt sprechen?« oder »Ich sehe da kein Problem!« Dies sind kleine Tricks, die Männer, einige Generationen hindurch, verwendet haben, um ein bisschen Zeit zu gewinnen und ihre Verteidigung in die Wege zu leiten – gar keine so schlechte Idee.

Wenn dir klar geworden ist, wie es dir normalerweise in

Konfliktsituationen geht, ist es hilfreich, deiner Partnerin das mitzuteilen, ihr zum Beispiel offen zu sagen: »Wenn es zu emotionalen Konflikten kommt, bin ich ein Amateur, ich weiß einfach nicht, was ich machen soll. Ich brauche einige Jahre, um zu lernen, wie ich mich in einem Konflikt mit dir verhalten kann, ohne verletzt und zerstört zu werden.« Oder: »Ich habe Angst, dass ich in einer Konfliktsituation, wenn ich aufgebracht und wütend bin, dass ich dann wie mein Vater reagieren könnte – gewalttätig. Es wäre für mich sehr hilfreich, wenn du den Konflikt benennst, mich an ihn heranführst und mir dann etwas Bedenkzeit gibst, bis wir ihn lösen können. In dieser Weise kann ich besser Vertrauen zu mir selbst fassen.« Oder: »Für mich haben Konflikte immer Trennung bedeutet, mit der Folge, dass ich immer, wenn du einen Konflikt zur Sprache bringst, Angst haben muss, dich zu verlieren.« Oder: »Ich kenne mich, ich bin eine sehr destruktive Person, wenn es um Konfliktbewältigung geht, denn ich habe gelernt, dass die beste Abwehr ein tödlicher Angriff ist. Also attackiere ich den anderen, um mich zu schützen.«

Egal welches dein Stil ist – es lohnt sich, ihn aufrichtig zu kommunizieren, denn das wird deiner Partnerin dazu verhelfen, sich selbst gegenüber aufrichtig zu sein und auch zu überlegen, welchen Stil sie bevorzugt, um ihn dir dann offen mitzuteilen.

Als Kind warst du für dein Verhalten nicht verantwortlich, es gab keinen Grund, dich für dein Verhalten zu schämen. Als Erwachsener jedoch wird es Zeit, die Verantwortung für dein Verhalten zu übernehmen – das geschieht, indem du dich in einem kontinuierlichen Dialog mit den Menschen befindest, die dich lieben und die du liebst. Es kann sein, dass du vielleicht in deiner Ursprungsfamilie gelernt hast, mit Konflikten zurückhaltend umzugehen, dich eher bedeckt zu halten, Konflikte nicht direkt anzusprechen oder zu lösen, und vielleicht war das damals eine kluge Wahl, aber jetzt lebst du in einer anderen Familie und viele Verhaltensweisen, die du deiner Ursprungsfamilie verdankst, haben keine Relevanz mehr, sodass du dich von ihnen verabschieden kannst.

Manchmal können wir wichtige Konflikte nicht alleine lösen – entweder, weil wir nie gelernt haben, mit Konflikten umzugehen, oder weil unser Intellekt unsere Emotionen vernebelt. Wenn du öfters in einem Monat oder in einem Jahr in eine solche Situation gerätst, brauchst du Hilfe – von einem Freund, einem Berater, einem Familientherapeuten oder einem Priester. Ob nun eines deiner Kinder leidet und sich »auffällig« verhält, ob deine Partnerin depressiv ist oder ob du selbst dich in Arbeit, Alkohol oder Computerspiele flüchtest oder ob du sehr oft in Wut ausbrichst oder frustrierst bist, ganz egal – wenn ein Mitglied der Familie Hilfe braucht, dann braucht die ganze Familie Hilfe. Folgendes gilt immer: Wenn einer verletzt, verletzen alle anderen auch. Hilfe in Anspruch zu nehmen, ist keine demokratische Entscheidung, sondern eine Verpflichtung jedes Erwachsenen. – Da du ein Mann bist, kann es natürlich sein, dass du als Letzter merkst, dass deine Familie leidet, aber du kannst mir glauben: Das Leiden ist da, auch wenn du es bisher erfolgreich verdängt hast. Auch vergangenes Leiden verflüchtigt sich nicht einfach so, sondern es vermehrt das aktuelle. Sei ein Mann und such Hilfe für deine Familie!

Normalerweise gilt der Spruch: »Schmiede, solange das Eisen heiß ist!« – In Beziehungen, die auf Liebe gründen, bist du damit schlecht beraten, denn dann ist es besser zu schmieden, wenn das Eisen wieder kalt ist. Du kannst selber sehr einfach beurteilen oder herausfinden, in welchen Augenblicken das Eisen zu heiß ist. Wenn das Eisen zu heiß ist, kannst du dich nicht vernünftig auseinandersetzen, sondern du ergehst dich lediglich in Beschimpfungen und beschuldigst dein Gegenüber für alles: »Du hast dies gemacht, du hast jenes verbrochen, du, du, du …« Dieser Kampf führt zu nichts – deshalb solltest du damit möglichst bald aufhören. Wenn du dich auf diese Weise streitest und den anderen bekämpfst, kannst du ihn nur verletzen, und nicht einmal die Liebe der ganzen Welt kann diese Wunden heilen, wenn man zulässt, dass sie sich anhäufen. Triff darum mit deiner Partnerin eine Entscheidung und vereinbart Folgendes: Wenn einer von euch beiden anfängt, den anderen nur noch zu beschimpfen und zu beschuldigen, dass es in so einem Fall in Ordnung ist zu gehen und den Betreffenden zunächst allein zu lassen. Setz die Auseinandersetzung erst dann fort, wenn du dich imstande fühlst, über dich selbst zu sprechen, deine Werte, deine Vorstellungen, deine Gedanken, deine Gefühle, und wenn du auch bereit bist, deiner Partnerin zuzuhören, wenn sie über sich selbst spricht.

Dieses Verhalten unterscheidet sich grundlegend von dem, das wir aus der Geschichte kennen: Väter haben im Laufe der Jahrhunderte in ihren Familien »gekämpft«, indem sie geschwiegen haben. Du aber nimmst dir lediglich eine kurze Auszeit, um konstruktiv vorgehen zu können, du ziehst dich zunächst zurück und bist still, um den anderen Menschen nicht zu verletzen. Dann aber trittst du in einen authentischen Dialog mit ihm. Dafür brauchst du Bedenkzeit und Rückzug.

Wenn ihr, du und deine Partnerin, nicht einer Meinung seid, wenn es um die Belange eures Kindes geht, ist es ratsam, eure Standpunkte vor dem Kind oder den Kindern zu vertreten, insofern ihr es schafft, einer dem anderen gegenüber fair zu bleiben. Nur wenn ihr anfangt, euch gegenseitig zu verletzen, werden die Kinder darunter leiden.

Dein verborgenes emotionales Leben

Im Zusammenhang der Konflikte innerhalb der Familie kann das Thema »Gefühle« nicht außen vor bleiben. Als ein Resultat unserer Geschichte gilt, dass viele Männer zu wenig Zugang zu ihren Gefühlen haben. Diese Tatsache ist sowohl für Frauen als auch für Kinder frustrierend: Sie erfahren den Vater oft als kalt und distanziert, unzugänglich und unnahbar. Unglücklicherweise ist es sogar heutzutage sehr oft wahr, dass Männer ihre Gefühle verbergen – nicht nur vor ihren Kindern und Frauen, sondern auch vor sich selbst. Und dies führt zu verkümmerten Liebesbeziehungen und überhaupt zu einem gedämpften, kargen Leben als Individuum.

Im Allgemeinen fühlen wir Männer uns besser, wenn wir auf einer Ebene funktionieren, die auf Verstand, Intellekt und Logik beruht. Und wir sind froh und mit uns zufrieden, wenn wir unsere Erfahrungen in möglichst konkreten Begriffen vermitteln. Frauen hingegen glauben, dass es sehr wichtig und konstruktiv sei, »über Gefühle zu sprechen«.

Ich bin mir nicht sicher, ob es dein Leben oder das deiner Partnerin bereichern wird, über deine Gefühle zu sprechen, aber ich bin mir absolut sicher, dass es für dich als Vater unentbehrlich sein wird, deine Emotionen auszudrücken. Das bedeutet konkret: Du wirst lernen, den Satz »Ich bin traurig« auszusprechen – mit einem bewegten Gesicht oder sogar weinend. Oder du wirst mit dem Einsatz deines ganzen Körpers deinen Ärger ausdrücken – dein Körper wird angespannt sein und deine Stimme eine entsprechende Modulation aufweisen. Mit anderen Worten: Um eine erfolgreiche Beziehung zu den Menschen zu haben, die du liebst, musst du in deinen Reaktionen authentisch sein. Zeit mit deinen Kindern zu verbringen, ist der beste Weg, um dies zu lernen: In nur einer Woche werden deine Kinder alle emotionalen Register ziehen und jedes Gefühl herausfordern, das du in deinem Körper trägst einschließlich der Emotionen, von deren Existenz du gar nichts geahnt hast. Und wenn Kinder emotional reagieren, spielen sie keine Spiele, dann öffnen sie sich in dem Moment und in der ganz bestimmten Beziehung ganz – sie sind authentisch.

Auch deine Partnerin kann eine sehr wertvolle Stütze und hilfreiche Weggefährtin bei deiner Suche nach deinem verborgenen emotionalen Leben sein, das du bislang ignoriert oder auf Distanz gehalten hast. Für die meisten von uns ist das familiäre Zusammensein, die pflichtbewusste und engagierte Beziehung zu unserer Partnerin und unseren Kindern, die einzige Therapie, die wir benötigen.

Zu den starken Gefühlen, die vielen Männern, denen ich begegnet bin, zu schaffen machen, gehören Wut und Aggression – daher ist es nicht verkehrt, diese sogenannten »negativen Gefühle« unter die Lupe zu nehmen, was ich im zweiten Teil des nächsten Kapitels tun werde.

Ich will wertvoll für meine Familie sein

Wertvoll für einen anderen Menschen zu sein, ist ein allgemeines Bedürfnis – wertvoll vor allem für jene, die uns nahestehen, für unsere Familie und unsere guten Freunde. Ob du anderthalb oder 95 Jahre alt bist, das Alter kann diesem Bedürfnis nichts anhaben, auch nicht die Tatsache, dass du vielleicht keine nahen Freunde oder keine Familie hast – das Bedürfnis, für jemanden wertvoll zu sein, trägt jeder von uns in sich.

Da in den letzten Jahrhunderten den Männern vor allem die Rolle des Familienversorgers zugedacht war – egal, ob als Jäger, Bauer, Fabrikarbeiter, Unternehmer –, leuchtet es ein, dass der Beruf für Männer jener Bereich war, wo sie am wahrhaftigsten dieses beglückende Gefühl, für jemanden wertvoll zu sein, erleben konnten, aber – im Gegenzug – wo sie auch die schlimmsten Verluste erlitten haben.

Es steckt eine große Freude hinter jener Erfahrung, so viel Geld verdienen zu können, dass man seinen Kindern neue Schuhe, Fahrräder oder Schulsachen kaufen oder dass man sie, wenn sie studieren, unterstützen kann. Und es ist sehr beglückend, wenn man in der Lage ist, seiner Familie ein schönes Zuhause zu ermöglichen oder die Partnerin mit einem spannenden Urlaub oder einem besonderen Schmuckstück zu überraschen. Für die meisten Männer gilt auf alle Fälle eins ganz sicher: Sie fühlen sich auf dem Höhepunkt ihres Lebens angekommen, wenn sie in ihrem Beruf so erfolgreich sind, dass sie genug Geld verdienen, um die Bedürfnisse ihrer Familie zu befriedigen. Umgekehrt erfahren viele Männer Arbeitslosigkeit als einen traumatisierenden Einschnitt in ihrem Leben, und je länger ein Mann arbeitslos ist, umso weniger wertvoll fühlt er sich – nicht nur für seine Familie, auch für die Gesellschaft, in der er lebt –, was schließlich in vielen Fällen zu verbaler und physischer Gewalt und Aggression, zu Alkoholismus und anderen Süchten führt. Depression ist auch eine weit verbreitete Folge von Arbeitslosigkeit.

In der Vätergeneration vor der meinigen konnte man das exemplarisch beobachten, wie Männer und Väter, die in ihrem Berufsleben sehr erfolgreich waren, nachdem sie in Rente gingen entweder sehr bald an einer Krankheit starben oder in Depression und Passivität verfielen. Und diese Schicksale legen genau davon Zeugnis ab, wie wichtig das Ausüben der Rolle als Versorger der Familie für viele Männer ist.

In den europäischen Ländern haben wir es oft genug erlebt, dass Männer, die in sehr armen Gegenden lebten, ihre Heimat verließen, nur um genügend Geld für die daheim gebliebene Familie zu verdienen und sie zu ernähren. Dafür nahmen sie es in Kauf, weit weg von ihren allernächsten Menschen zu leben und ohne Familienleben auszukommen.

In einer ähnlichen Weise erfahren Frauen das Gefühl, wertvoll für jemanden zu sein, in erster Linie über die Mutterschaft – für ihr Baby sind sie unentbehrlich.

In den letzten Jahrzehnten hat sich zwar eine neue Überzeugung durchgesetzt, laut der jeder Mann und jede Frau an sich wertvoll ist, egal, ob sie oder er eine Familie oder Kinder haben und versorgen, aber diese Entwicklung schreitet recht langsam voran – es ist noch nicht gelungen, das zu ersetzen, was über viele Jahrhunderte das Standardparadigma in Sachen »wertvoll sein« war.

In Sachen »Beziehungsführung« hat sich hingegen in den letzten Jahrzehnten sehr viel verändert: In den westlichen, aber auch in vielen anderen Ländern ist die Eheschließung keine soziale Notwendigkeit mehr, weder finanziell noch moralisch, was dazu führt, dass die meisten Frauen und Männer heute überhaupt nicht mehr bereit sind, eine unbefriedigende, destruktive Beziehung über viele Jahre oder ein Leben lang auszuhalten. Langsam verändern sich damit auch unsere Werte, und Frauen wie Männer stellen sich gleichermaßen die Frage: »Bereichert diese Frau/dieser Mann mein Leben?« Mit anderen Worten: Wir lassen jene Zeit hinter uns, in der lediglich die Frage galt: »Ist diese Frau eine gute Mutter, ist dieser Mann ein zuverlässiger Familienernährer?« Demnach erleben wir heute die Erfahrung, wertvoll zu sein, in einer neuen emotionalen und existenziellen Dimension. Uns ist diese Erfahrung in unserem Alltagsleben kaum noch geläufig. Mit dem Wunsch, für jemanden wertvoll zu sein, sehen wir uns im Grunde erst dann konfrontiert, wenn wir uns plötzlich wertlos fühlen.

Das Bedürfnis, wertvoll zu sein, ist in einem gewissen Grad auch für unsere Aggressivität verantwortlich, was in einem sehr einfachen, universellen Mechanismus zum Ausdruck kommt: Solange ich mich als Partner und Vater einigermaßen erfolgreich fühle, bin ich zufrieden und gehe entspannt mit meinen Rollen um. Wenn etwas falsch läuft in meiner Beziehung zu meinen Kindern oder mit meiner Partnerin, und das passiert jedem nicht nur einmal im Leben, verliere ich das Gefühl, für sie wertvoll zu sein. Manchmal verliere ich dieses Gefühl urplötzlich und mit einem Mal bleibt nichts mehr davon übrig – zum Beispiel, wenn mich meine Partnerin zugunsten eines anderen Mannes verlässt. Aber ich verliere es allmählich auch, wenn mein Kind immer wieder Probleme im Kindergarten oder in der Schule hat.

Wann immer wir dieses Gefühl, dass wir wertvoll sind, verlieren, reagieren wir mit unterschiedlichen Emotionen, die die Psychologie Aggressionen nennt. Meist fängt es mit einer leichten Reizbarkeit an. Wenn wir diesen Zustand ignorieren, steigt das Volumen, sodass wir anfangen, Frustrationen, Irritationen, Wut und zum Schluss sogar Hass zu erleben – wohlgemerkt: Hass ist nicht das Gegenteil von Liebe, es ist eine Funktion der Liebe! Statt traurig werden wir zunächst aggressiv.

Wir drücken aggressive Emotionen ganz unterschiedlich aus – je nach Alter, Geschlecht, Kultur und Ursprungsfamilie. Bis vor Kurzem war es Frauen beispielsweise gar nicht erlaubt, ihrer Wut Ausdruck zu verleihen; die Stimme zu erheben, mit Blicken zu töten und mit schäumendem Mund zu brüllen, war Spezialität der Männer. Auch heute noch reagieren viele Frauen nicht mit Wut, sondern weinen.

Männer reagieren auf Wut, indem sie leicht autistische Züge an den Tag legen: Sie ziehen sich zurück, verstecken sich hinter dem PC oder ihrer Angel, hinter dem Fernseher oder ihrem Gewehr. Da es Kindern in früheren Zeiten verboten war, aus ihrem Herzen zu sprechen, hatten sie nur eine Möglichkeit, ihre Eltern darauf aufmerksam zu machen, dass etwas in der Familie nicht in Ordnung ist: Sie entwickelten psychosomatische Symptome – Magenschmerzen, Hautausschlag, Kopfschmerzen usw.

Heute erleben wir es, dass sich die traditionellen Rollen auflösen: Die Unterschiede zwischen Männern und Frauen sind nicht mehr so klar auszumachen wie vor einigen Generationen, daher kann man auch die Reaktionsmuster von Männern und Frauen nicht mehr allein geschlechtsspezifisch definieren.

Den Vätern, die sich Sorgen machen, dass sie häufig viel zu aggressiv reagieren oder ihre Aggressionen nicht unter

Kontrolle haben, schlage ich vor, nach jenen Beziehungen in ihrer Vergangenheit und Gegenwart zu suchen, in denen sie sich nicht wertvoll gefühlt haben oder noch immer nicht wertvoll fühlen. Es könnte sein, dass sie sich als Kinder nicht wertvoll gefühlt haben, dass sie immerzu kritisiert und psychisch oder physisch bestraft, mit Schweigen übergangen und nicht wahrgenommen worden sind. Aber selbst wenn das der Fall ist, muss auch in der Gegenwart gesucht werden, denn Wut, die man heute empfindet, hat immer auch etwas mit einer gegenwärtigen Beziehung zu tun – man fühlt sich nicht wertvoll in einer gegenwärtigen Beziehung und diese Tatsache weckt das alte Gefühl der Wut.

Wenn wir das Gefühl verlieren, wertvoll für unsere Kinder oder unsere Partnerin zu sein, dann ist dies oft auch wahr. Wir sind in dem Augenblick tatsächlich nicht so wertvoll für sie, wie wir es gerne sein möchten – nicht, weil wir es nicht wollen, und auch nicht, weil wir nicht die nötige Liebe empfinden oder weil wir kein Pflichtgefühl haben, sondern einfach nur weil wir nicht wissen, wie wir es anstellen könnten, wertvoll für sie zu sein. Zum Beispiel: Wenn dein Kind Probleme mit seinen Hausaufgaben hat – es macht sie sehr ungern und nur wenn es wirklich sein muss –, dann werden dich seine Lehrer kontaktieren. Deine erste Reaktion wird im ersten Moment eine aggressive sein: entweder dem Lehrer oder dem Sohn gegenüber oder gegenüber beiden, denn diese Mitteilung des Lehrers bewirkt, dass du dich als Vater nicht erfolgreich fühlst oder als gescheitert betrachtest. Wenn du nun das Verhalten deines Sohnes in der alten, maskulinen Manier zu korrigieren versuchst, indem du ihn kritisierst, kontrollierst, bestrafst, wirst du nicht erfolgreich sein und du wirst noch sehr viel mehr Aggression verspüren als vorher. Das ist ein klares Indiz dafür, dass die Art und Weise, wie du die Dinge angehst, weder für dich noch für die Beziehung zu deinem Kind wertvoll ist.

Wenn du Aggressionen empfindest, die du dir nicht erklären kannst, ist die beste Idee die, deine Partnerin einzubeziehen und sie zu konsultieren: »Schau, ich weiß, dass ich aggressiv reagiere, manchmal brülle und tobe ich. Ich weiß auch, dass ich deshalb so bin, weil ich mich nicht wertvoll fühle. Mein Problem ist, dass ich nicht sehe, wo und warum ich nicht wertvoll bin, kannst du mir helfen?« Dasselbe kannst du mit deinem Kind machen – in einer leicht abgewandelten Formulierung: »Kannst du mir sagen, was ich falsch mache?«

In fast allen Fällen findet sich in der Liebe die Lösung: Liebe ist die Kunst, liebevolle Emotionen in liebevolles Verhalten zu verwandeln, ohne sich dabei selbst aufgeben zu müssen. Und wann immer wir eine neue Familie gründen, fangen wir in dieser Kunst als Amateure an, demnach beschuldige dich nicht, dass du deine Partnerin zunächst nicht so lieben kannst, dass sie sich immer geliebt und anerkannt fühlt, aber versuche herauszufinden, wie du sie in einer anderen Weise lieben könntest. Wichtig dabei ist, dass du dich selbst nicht verleugnest.

Das hört sich alles recht einfach an, es ist aber für die meisten von uns ein lebenslanger Lernprozess. Jede Partnerin ist anders als die vorherige und unsere Kinder sind alle unterschiedliche Persönlichkeiten. Wenn du dich als frustriert, gereizt, nervös oder sogar sehr oft als wütend erfährst, ist das ein eindeutiger Hinweis, dass du neue Verhaltensweisen entwickeln musst.

Wenn deine Partnerin dich konstant kritisiert oder ständig ausdrückt, wie unzufrieden sie mit dir ist, wenn du aber, obwohl du aggressiv reagierst, nicht bereit bist, nach Möglichkeiten Ausschau zu halten, wie du dich verändern könntest, stehen deiner Partnerin zwei Optionen offen: Sie kann resignieren, was für sie nicht wirklich attraktiv ist und sie auch nicht glücklich machen wird. Oder die andere Möglichkeit: Sie verlässt dich, was dich deinerseits mit zwei Möglichkeiten konfrontiert – entweder du wagst einen ernsthaften Blick in den Spiegel und schaust dich selbst an, oder du verschiebst die ganze Angelegenheit, bis du mit deiner nächsten Partnerin an demselben Punkt bist.

Aggression und Gewalt

Aggressionen – egal, ob sie dir selbst, deiner Partnerin oder deinem Kind gelten – vermitteln ein klare Botschaft: Du fühlst dich derzeit in deiner Familie nicht gut.

Väter, die dazu neigen, ihre ganze Energie in die Rolle als Ernährer der Familie zu investieren, werden möglicherweise mit Partnerinnen und Kindern konfrontiert, die ihren Wert nicht wirklich anerkennen und ihre Arbeit, für die sie so viel Zeit opfern, nicht schätzen. Ihre Frauen werden sie sogar dafür kritisieren, dass sie zu wenig Zeit mit ihnen und den Kindern verbringen und werden sie mit der Aussage konfrontieren, sie würden ihren Job mehr als ihre Frau und die Kinder lieben, das Familienleben sei ihnen egal. Solche Anschuldigungen werden in vielen Familien jeden Tag direkt oder indirekt geäußert: Viele Frauen können nicht verstehen, dass der einzige Grund, weshalb Männer so viel arbeiten, darin liegt, dass sie für ihre Familien wertvoll sein wollen. Frauen wissen nicht, was wir Männer wissen – dass ohne unsere Familie die Arbeit für viele von uns keinen Sinn mehr hätte. So müssen Männer häufig erst die Erfahrung machen, die Partnerin, Kinder oder auch ihre Statussymbole zu verlieren, um festzustellen, dass sie ihre Prioritäten falsch gesetzt haben.

Aggressionen haben noch eine andere wichtige Bedeutung für dich als Vater – vor allem, wenn du Vater von einem oder mehreren Söhnen bist. Wir leben in einer Zeit, in der zwei Dinge passieren, die nur von wenigen Menschen miteinander in Zusammenhang gebracht werden: Das eine ist, dass Aggressivität seit ungefähr 50 Jahren ein Tabu in der Kinderbetreuung geworden ist; seither ist zu beobachten, dass immer mehr Jungs zu Losern werden, unter anderem weil ihre männliche Aggression von Frauen, die in der Pädagogik noch immer das Sagen haben, unterbunden wird. Aber nicht nur professionelle Pädagogen sind gegen das aggressive Verhalten, viele Mütter sind ebenfalls dagegen.

Ich glaube, dass dieses Phänomen einerseits einen guten Ursprung hat – das ist die pazifistische Seite, eine Lebensphilosophie, die den tiefen Wunsch nach Verstehen und Liebe in der Gesellschaft ausdrückt. Andererseits jedoch beruht es auf einem ernsthaften Missverständnis: Man glaubt, dass Aggressivität bei Kindern zu Gewalt bei Jugendlichen und Erwachsenen führt – und das ist schlichtweg falsch. Das Gegenteil ist der Fall: Kinder, die von Pädagogen und Müttern stets angehalten werden, ihre Konflikte mit anderen auf einem abstrakten, intellektuellen Niveau zu lösen – was nebenbei bemerkt, den allermeisten Erwachsenen auch nicht gelingt, geschweige denn den drei- oder fünfjährigen Kindern –, diese Kinder entwickeln sich manchmal zu gewalttätigen Jungendlichen oder Erwachsenen: Sie haben nie gelernt, wie sie ihre Aggressivität ausdrücken können, ohne großen Schaden anzurichten. Aber selbst unter diesen Kindern entwickelt allerhöchstens die Hälfte ein offenes gewalttätiges Verhalten, das sich gegen andere Menschen richtet. Die andere Hälfte entwickelt eher ein autoaggressives Verhalten: Die Gewalt richtet sich nach innen und die Folge ist Selbstzerstörung, die sich in unterschiedlichen Formen äußert – von anhaltender Selbstkritik, über Essstörungen, Selbstverletzungen, Depressionen bis hin zu Selbstmordgedanken.

Wenn du Kinder so großziehen willst, dass sie eine gesunde Beziehung zu ihrer Aggressivität entwickeln und mit ihr auf eine konstruktive Weise umgehen lernen, musst du wissen, dass dieser Prozess der Integration ungefähr 15–16 Jahre dauert. Und merke dir: Die anti-aggressive Haltung mancher Frauen und professionellen Pädagogen schafft die Basis für das, was sie so sehr bekämpfen und auf alle Fälle vermeiden wollen – für Gewalt.

Keine Ahnung, ob es ein Resultat der kulturellen oder biologischen Entwicklung ist, dass Jungen einen leichteren Zugang zu ihren aggressiven Gefühlen haben als Mädchen, aber es ist Tatsache, dass sehr viel mehr Jungen als »problematisch« abgestempelt werden als Mädchen. Das Beste, was du als Vater in Bezug auf deine Söhne machen kannst, ist, mit ihnen überall, wo es sich anbietet: im Park, auf dem Boden, im Bett, physisch zu ringen und zu »kämpfen«. Ich meine in diesem Zusammenhang sieben- oder achtjährige Jungen. Mach das mindestens drei- bis viermal die Woche, denn nur auf diese spielerische Weise lernen Jungs, mit ihrer maskulinen Energie und Aggressivität umzugehen. Dies ist etwas, was Jungs nur von ihrem Vater oder anderen Männern lernen können.

Der andere wichtige Aspekt ist, dass du als Vater in deiner Familie aufrichtig mit deiner eigenen Aggressivität umgehst: Wenn du wütend bist, dann sei wütend. Versuch niemanden zu verletzen, wenn du wütend bist, aber versuche nicht, dich davon abzuhalten, wütend zu sein und in einen künstlichen Verhaltensmodus zu flüchten: deine Aggression zu verbergen und sie in Manipulation zu verkehren, denn das ist eher eine weibliche Variante.

Auch Mädchen brauchen eine gesunde Beziehung zu ihren Aggressionen – sie müssen auch wissen, wie sie ihre Grenzen verteidigen, wie sie für ihre Träume kämpfen und sich für Gleichberechtigung in der Gesellschaft einsetzen, für Rechte, die ihnen kein Mann freiwillig zugestehen wird.

Lass uns ein zweijähriges Kind beobachten! Wenn ein Kind zwei Jahre alt ist, ist es sehr oft frustriert, weil es die Diskrepanz zwischen seinem Auffassungs- und seinem Ausdrucksvermögen schmerzhaft empfindet: Es kann sehr viel mehr denken als in Worten ausdrücken und es kann schneller denken als sprechen. Es liegt also auf der Hand: Gerät es in einen Konflikt mit anderen Kindern oder Erwachsenen, reagiert es mit Aggression – es stößt und beißt. Wenn deine Frau das falsch findet oder es gefällt ihr einfach nicht, ist es für sie in Ordnung zu sagen: »Hör auf, mich zu schlagen, ich möchte das nicht!« Dann aber braucht das Kind einen Vater, der sagt: »Hier ist meine Schulter, schlag noch kräftiger zu!« Die einzige Alternative hierzu wäre, dass dein Kind aufwächst, ohne mit der breiten Palette wertvoller Emotionen umgehen zu lernen, die wir alle haben, wenn es darum geht, jemandem mitzuteilen, dass wir uns in unserer Beziehung zu ihm nicht wohlfühlen. Wenn dein zweijähriger Sohn vierzehn Jahre alt ist, wird er wissen, wie er mit seiner Frustration umgeht und er wird seine Botschaft verbal und nicht mit physischer Gewalt ausdrücken, aber du musst Geduld aufbringen und mindestens zehn Jahre warten, bis er das kann.

Aggression ist eine sehr wichtige Komponente in jeder Liebesbeziehung, genauso wie in der Verführung und Sexualität. Viele Frauen neigen dazu, zu vergessen, dass es zwei Arten von Wärme gibt: eine Wärme, die alles zum Schmelzen bringt – die Schokolade und Eis schmelzen lässt – und die Reibungswärme, die genauso warm ist wie erstere, bei den Frauen aber sehr viel weniger beliebt. Doch mit dieser Einstellung unterdrücken sich die Frauen selber. In deiner Familie ist es als Mann und Vater dein Job, dich für Aggression und Reibungswärme einzusetzen.

Jetzt, wo wir wissen, woher Aggression meistens kommt, ist es wichtig, einige Gedanken zum Thema Gewalt zu äußern. Gleich zu Beginn möchte ich nahelegen, dass es zwischen physischer und psychischer Gewalt keinen Unterschied gibt, wenn es um den Schaden geht, den sie im Gegenüber sowie in unserer Beziehung zu ihm und uns selbst anrichtet.

Unglücklicherweise kommt es heutzutage noch immer oft vor, dass Väter, die Gewalt in ihrer Kindheit und/oder Jugend erfuhren, behaupten, ihnen habe das nicht geschadet. Das ist niemals wahr. Wann immer solche Väter später den Mut hatten, ein bisschen tiefer in sich selbst zu gehen, fanden sie heraus, dass Gewaltausübung seitens der Eltern oder Lehrer tatsächlich sehr entscheidend für die Art und Weise war, wie sie sich als Individuen entwickelt haben.

Es ist auch 2010 noch immer so, dass ungefähr 50 % der Eltern in der Erziehung ihres Nachwuchses physische Gewalt ausüben. Auch gibt es noch immer viel zu viele Familien, in denen Gewalt und Missbrauch zwischen Erwachsenen vorkommen, nicht nur die klassische Form der Gewalt »Mann schlägt Frau«, sondern auch »Frau schlägt Mann«.

Da sich unsere Gesellschaft in einem moralischen Sinne durchaus weiterentwickelt hat, üben Eltern physische und/oder emotionale Gewalt zwar aus, haben dabei aber ein schlechtes Gewissen. Die Zahl der Eltern, die davon durch und durch überzeugt sind, dass physische Strafen ein wichtiger und notwendiger Teil der Erziehungsarbeit ist, nimmt zum Glück stetig ab. Daher will ich in diesem Kontext nur einige wenige Anmerkungen machen.

Physische oder psychische Gewaltanwendung gegen Kinder schwächt deren intellektuelle Entwicklung erheblich; ihre Fähigkeit zu lernen nimmt drastisch ab; ihr Selbstwertgefühl wird zerstört und sie entwickeln sich meist zu selbstdestruktiven Individuen; die natürliche Vitalität und Lebensfreude wird ihnen genommen; ihre Beziehung zu den Eltern verändert sich von einer auf Liebe beruhenden in eine auf Angst beruhende Beziehung.

Wenn einer von euch beiden, du oder deine Partnerin, dazu neigt, mit körperlicher oder verbaler Gewalt zu reagieren, gibt es zwei Dinge, die du wissen solltest – erstens, dass du nicht die Schuld daran trägst, dass du diese Tendenz entwickelt hast: Sie ist das Ergebnis der Erfahrungen, die du in deiner Herkunftsfamilie gemacht hast. Zweitens musst du wissen, dass du Hilfe und Anregungen brauchst, nicht nur, um nicht mehr gewalttätig zu reagieren, sondern auch, um in dir selbst alternative Verhaltensweisen aufzuspüren. – Das Gefühl der Ratlosigkeit und Verzweiflung ereilt uns alle von Zeit zu Zeit, aber andere Menschen zu missbrauchen oder zu verletzen, ist keine Lösung.

Wenn du dazu neigst, mit Gewalt zu reagieren, versuche dich von Menschen fernzuhalten, die nur eine moralische Verurteilung anbieten können. Sie sind nicht hilfreich für dich, sie machen dein Problem nur noch größer und lassen dich damit allein.

Eins steht fest: Wenn es in deiner aktuellen Familie Gewalt gibt – zwischen deiner Partnerin und dir oder zwischen euch als Eltern und euren Kindern –, braucht ihr alle gleichermaßen Hilfe und zwar als Familie.

Der Mann als Liebesminister

Einer der für dieses Buch interviewten Väter nennt und versteht sich als »Advokat seiner Beziehung«. – Eine dänische Sexualberaterin hat den Vorschlag gemacht, dass Väter im Familienzusammenhang die Position des Liebesministers einnehmen sollten. Als ich zum ersten Mal von diesem Vorschlag hörte, fand ich ihn amüsant, aber ich konnte ihn nicht ernst nehmen, bis ich realisierte, dass dieser Vorschlag nicht nur gut, sondern sehr, sehr gut ist, denn er gibt dir als Mann und Vater eine offiziell anerkannte Plattform und ein Betätigungsfeld, das genauso wichtig ist wie Kochen und Putzen.

Lass uns mit einer kurzen Geschichte beginnen: Als ich vor etwas mehr als 60 Jahren geboren wurde, war das eine Zeit, in der meine Eltern wie viele andere Eltern von der Geburt ihres ersten Kindes an aufhörten, sich beim Vornamen zu nennen – sie nannten sich ab dem Zeitpunkt nur noch »Papa« und »Mama«. Dieser Titel änderte sich dann ein Leben lang nicht mehr.

In einer Zeit, in der es zur Geburtenkontrolle nichts anderes gab als das Abzählen der unfruchtbaren Tage, beschränkte sich die erotische Beziehung zwischen Mann und Frau auf einige wenige Jahre. Es war so, als hätte sich nach der Geburt der Kinder die Erwartung, ein aktives, dynamisches, interessantes Sexualleben zu führen, in nichts aufgelöst. Sehr oft kam es demzufolge vor, dass Frauen depressiv wurden, wenn das letzte Kind von zu Hause wegging. Frauen fühlten es wohl eher, als sie es verstanden oder begriffen, dass die Beziehung zu ihrem Ehemann ihren erotischen Glanz längst verloren hatte. Im besten Fall blieb die Beziehung zwischen den Ehepartnern eine solide Freundschaft.

In manchen Kulturen wurde es als vollkommen«normal« betrachtet, dass Männer ihre sexuellen Bedürfnisse außerhalb der Ehe befriedigten, während die Frauen sich um den Haushalt und die Kindererziehung kümmerten – abgesehen davon waren diese braven Hausfrauen auch meist viel zu müde, um sich auch noch ihren Männern zu widmen, sodass der erotische Part ihrer ehelichen Beziehung komplett austrocknete. Es gab gewiss einige wenige Ausnahmen: Paare, die es doch geschafft hatten, ein zweites Mal aufzublühen und eine Liebesintensität aufzubringen, die sogar den jungen Menschen beneidenswert erschien.

Heute haben wir andere Erwartungen bezüglich unseres Paarlebens: Manchmal erwarten wir sogar, dass unser Liebesleben dasselbe oder besser sein sollte als zum Zeitpunkt der ersten Begegnung, als das Verliebtsein selbst das Seine tat und uns mit vielen Gratis-Hormonen ausstattete. Bis ans Ende unserer gemeinsamen Tage soll dieser Zustand währen, das ist der Anspruch. Ob diese Erwartungshaltung der Paare heute realistisch ist oder nicht, sei dahingestellt, aber man muss sie unbedingt zur Kenntnis nehmen.

Wenn dein erstes Kind geboren ist, wirst du dich als Mann ein bisschen ins Abseits gedrängt fühlen. Du stehst allein da, während sich deine Frau 120 Prozent auf euer Baby fokussiert. Einige Frauen erleiden bei der Geburt ernste körperliche Schäden, andere leiden an einer Wochenbettdepression. Es kann lange Jahre dauern, bis sie ihre Gesundheit und ihr Selbstvertrauen wiedergewonnen haben. In den vergangenen Jahren haben wir wahrgenommen, dass auch einige Väter nach der Geburt ihres Kindes unter Depressionen leiden. In den meisten Fällen aber verläuft die Geburt heutzutage problemlos, bloß raubt das Baby so viel Energie und Zeit, dass es einfach sehr schwer ist, das Leben als Paar – wie es früher mal war – wieder aufzunehmen.

Meiner Beobachtung nach sind sich Frauen sehr wohl über den Verlust von sexueller Intimität bewusst – und/oder sprechen auch häufiger darüber als Männer. Die meisten Männer sprechen nicht darüber und stürzen sich im Gegenzug sogar noch viel mehr als sonst in ihre Arbeit. Unversehens stellt sich nach einer gewissen Zeit die Situation ein, wo sich Mann und Frau mit gegenseitigen Anschuldigungen und schlechten Ausreden konfrontiert sehen. Selbst wenn Frauen mehr über dieses neue Problem sprechen als Männer, heißt das noch lange nicht, dass sie in der Lage sind, diese negative Entwicklung in der Paarbeziehung umzukehren und sie in eine positive zu verwandeln. Deshalb, finde ich, ist es eine prima Idee, wenn du als Mann ernsthaft erwägst, die Verantwortung für euer Liebesleben zu übernehmen und diesbezüglich die Initiative ergreifst. Auf vielen unterschiedlichen Wegen kannst du dies bewerkstelligen, dabei musst du immer abwägen, was zum Charakter deiner Partnerin passt.

Der erste Schritt ist, über eure neue Situation zu sprechen – darüber, dass die Tage der Spontaneität für die nächsten fünfzehn Jahren vorbei sind und ihr für alles, was ihr unternehmen wollt, einen Plan entwickeln müsst. Meiner Erfahrung nach ist es unerlässlich, dass ihr zusammen eure Voraussetzungen analysiert und gemeinsam Wege findet, um die verloren gegangene Spontaneität zu kompensieren. Ihr könnt beispielsweise damit anfangen, euch wöchentlich einen Abend zu gönnen, an dem ihr miteinander ausgeht, selbstverständlich müsst ihr für euer Kind eine zuverlässige Betreuung finden – vielleicht einen Babysitter oder die Großeltern; ihr könnt euch vielleicht auch mal ein ganzes

Wochenende im Monat gönnen, wenn ihr wisst, dass euer Kind in guten Händen ist.

Was allerdings für viele Paare etwas störend wirkt, ist, dass alles im Vorfeld geplant werden will, aber damit müsst ihr euch abfinden. Wenn sich neben den geplanten Abenden oder Wochenenden zwischendurch Zeit und Energie für einen gemütlichen Abend im Bett oder einen Quicky auf dem Küchentisch ergibt, ist das perfekt. Damit will ich keineswegs suggerieren, dass Kinder das Sexleben ihrer Eltern zerstören, nur müssen beide, Mann und Frau, erkennen, dass das Zusammenleben einer Familie anders ist als das Leben eines Paares.

In den ersten anderthalb oder zwei Jahren braucht ein Kind seine Eltern rund um die Uhr. Der Fokus in eurem Zusammenleben als Familie liegt 100 Prozent darauf, Eltern zu sein für euer Kind. Nach dieser Periode sollte dann aber eine ausgewogene Balance zwischen euren Tätigkeiten als Eltern und eurem Leben als Paar etabliert werden. Diese Balance wieder herzustellen, gehört in deinen Aufgabenbereich als Liebesminister. Nicht nur weil ihr das als Mann und Frau braucht, sondern auch weil euer Kind Eltern braucht, die einander genießen und sich miteinander wohlfühlen. Vergiss niemals: Das Beste, was du für dein Kind machen kannst, ist, für die Beziehung zu seiner Mutter Sorge zu tragen.

Irgendwann erfährt und begreift ein Kind, dass die Eltern nicht nur für es selbst existieren, sondern dass sie auch für sich selbst und füreinander da sind. Das heißt, dass euer Kind in den nächsten vier bis fünf Jahren erfahren wird, dass es nicht immer genau dann etwas haben kann, wenn es etwas braucht oder unbedingt haben möchte. Für ein zweijähriges Kind ist diese Tatsache am Anfang sehr frustrierend, weil bis zu diesem Zeitpunkt zumindest einer der beiden Elternteile erreichbar und zu haben war, wann immer das Kind es wollte. Und jetzt muss es langsam lernen, dass seine Familie aus drei Familienmitgliedern besteht, die alle unterschiedliche Bedürfnisse, Wünsche und Pläne haben. Mütter, die nach einem Jahr in ihren Beruf zurückgehen, scheinen damit besser zurechtzukommen als Mütter, die die Möglichkeit haben, eine längere Zeit zu Hause zu bleiben.

Im Allgemeinen aber ist die Aufmerksamkeit der Mutter sofort auf das Kind gerichtet, wann immer das Kind einen Wunsch äußert oder Trauer, Frustration, Wut ausdrückt. Und dies ist genau der Augenblick, in dem deine Frau einen Mann braucht, der einschreitet – nicht um das Kind zu übernehmen, sondern um sie an ihr Recht auf ihre eigenen Bedürfnisse, Grenzen und Begrenzungen zu erinnern.

Die Familie im Mittelpunkt

Im Laufe der letzten zwei Jahrzehnte gab es eine starke Tendenz, Kinder ins Zentrum der Familie zu rücken. Obwohl diese Tendenz aus sehr liebevollen und umsorgenden Gedanken und Gefühlen entspringt, ist das Zentrum ein erdenklich schlechter Ort für ein Kind.

Wenn du im Zentrum von jedermanns Aufmerksamkeit stehst, bist du allein. Wenn du allein dastehst, kannst du nicht glücklich und zufrieden sein. Wenn ein Kind in diese Situation gerät, wird seine ganz normale Reaktion die sein, noch mehr Aufmerksamkeit zu fordern. Auf diese Weise entwickelt das Kind allmählich ein sehr ungesundes Verhalten – ein Verhalten, das sehr fordernd gegenüber den Eltern ist und das dazu führt, dass andere Menschen und Kinder dieses Kind, das so viel Aufmerksamkeit heischt, nicht mögen.

Von Experten und Müttern wirst du oft hören, dass Kinder sehr viel Aufmerksamkeit fordern – das ist wahr: Sie verlangen so viel Aufmerksamkeit, wie sie bekommen können, aber sie brauchen nicht so viel Aufmerksamkeit, wie sie fordern.

Nach den ersten zwölf bis achtzehn Monaten muss ein Kind als Teil der Familie integriert sein. Dieser Integrationsprozess vollzieht sich nur, wenn die Eltern die Führung übernehmen. Das heißt nicht, dass du deiner Partnerin dauernd Vorwürfe machen sollst, dass sie eurem Kind zu viel Aufmerksamkeit widmet, aber du musst die Initiative ergreifen und spürbar machen, dass eure Familie aus drei Menschen besteht und dass jeder Einzelne seine Bedürfnisse, Grenzen und Begrenzungen hat. Ich habe über diese komplexe Situation in vielen anderen Büchern geschrieben (beispielsweise in »Nein aus Liebe«, Kösel Verlag), sodass ich an dieser Stelle dich als Mann und Vater nur ermutigen möchte, diesen Integrationsprozess anzustoßen. Ihr habt vielleicht bis zu einem gewissen Punkt eure eigenen Bedürfnisse als Erwachsene vernachlässigt oder teils vergessen, aber Tatsache ist, dass eure Paarbeziehung genauso eine Zuwendung braucht wie die Beziehung zu eurem Kind, damit sie nicht austrocknet und sich weiterentwickelt. Es ist ein durchaus weiser Standpunkt, wenn du als Mann und Vater die Beziehung zu deiner Frau als dein erstes »Kind« betrachtest. Als ein Liebesminister ist es dein Job sicherzustellen, dass dieses erste »Kind« wegen des zweiten Kindes nicht vernachlässigt wird.

Zum Beispiel kannst du Folgendes einführen: Während ihr zu dritt euer Abendessen einnehmt, kannst du ein erwachsenes Gespräch in Gang setzen – du richtest dich an deine Frau, schmiedest Pläne für den nächsten Urlaub oder das kommende Wochenende, sprichst über deinen Arbeitsplatz, auch über die Sorgen und Probleme, die dich umtreiben, du sprichst einfach wie ein Erwachsener über das, was du denkst und fühlst, über alle wichtigen Aspekte eures gemeinsamen Lebens. Auf diese Weise wirst du sehr schnell entdecken, dass dein Kind sich sehr viel besser fühlt, als wenn eure ganze Aufmerksamkeit rund um die Uhr ihm allein gilt. Selbstverständlich wird das Kind immer wieder versuchen, euer Gespräch zu unterbrechen. Und dann ist es deine wichtigste Aufgabe, das Kind freundlich anzuschauen und ihm einfach nur mitzuteilen, dass du dich jetzt mit seiner Mutter unterhalten willst, dass du aber später auf es eingehen wirst.

Ich möchte an dieser Stelle ausdrücklich betonen, dass ich keineswegs dafür plädiere, dass du dein Kind vernachlässigst oder ignorierst – nein. Indem du dich so verhältst, wie ich es beschrieben habe, gehst du nicht an dem Bedürfnis deines Kindes vorbei, sondern lediglich an seinem augenblicklichen Wunsch, du bist dabei kein Egoist, im Gegenteil: Dein Verhalten zeigt, dass du dafür Sorge trägst, dass dein Kind Eltern hat, die eine befriedigende Paarbeziehung leben und in einem lebendigen Dialog miteinander stehen.

Diese »Übung« empfinden sehr viele Mütter als hart, sogar härter als das Kind selbst, also musst du viel Geduld haben und musst beharrlich sein. Über dieses Thema solltest du dich mit deiner Frau nicht streiten, weder am Esstisch noch später, denn ihre Haltung verdient dein Verständnis und nicht deine Kritik. Zudem ist Streit in diesem Zusammenhang äußerst kontraproduktiv.

Aber nicht nur am Esstisch, auch wenn ihr zu dritt im Auto seid und irgendwohin fahrt, oder wenn ihr im Park spazieren geht, wenn ihr Freunde eingeladen habt und mit ihnen zusammen im Wohnzimmer sitzt, rege immer wieder ein Gespräch an, das euch als Erwachsene betrifft und sich nicht dauernd um eure Kinder dreht. Es kann sein, dass dich dieser Versuch, unbeliebt macht – unbeliebt in den Augen deiner Partnerin oder deiner Freunde, aber denke immer daran: Es ist wichtiger, deine Liebesbeziehung als deine Beliebtheit zu kultivieren.

Darüber hinaus gehört es zu deinem Aufgabenbereich als Liebesminister, dass du dich in jene Zeit versetzen musst, in der du deiner Frau den Hof gemacht hast. Wenn du damals in einer Zeitung oder Zeitschrift etwas über einen Film, ein Theaterstück oder Konzert gelesen hast und die Vermutung hattest, das wäre etwas für deine Geliebte, dann hast du Tickets besorgst. Geh jetzt, wo ihr zusammenlebt und ein Kind habt, genauso vor und warte ja nicht, dass deine Frau dir ihr Einverständnis gibt, kauf einfach die Karten für Veranstaltungen, an denen sie Freude haben könnte. Damit nimmst du ihr die Verantwortung und Entscheidung ab. – Zweifellos kann es nun sein, dass du erleben musst, dass sie diese deine Geste zunächst nicht schätzt. Aber sie wird es dir später danken, weil sie von der Sorge um eure Paarbeziehung entlastet ist und spürt, du kümmerst dich darum – du machst ernst mit eurer Beziehung und deiner Rolle als Liebesminister.

Ergreifst du auf diese Weise Initiative, sorge auch immer dafür, dass deine Frau auch mal etwas alleine oder mit ihren Freundinnen unternimmt, während du zu Hause bleibst und auf euer Kind aufpasst. Je besser sie imstande sein wird, für sich selbst zu sorgen, umso besser wird sie sich als Partnerin und Geliebte fühlen. Dasselbe gilt für dich: Es wird auch für dich Zeit, zur Normalität zurückzukehren: Nimm dir die Zeit, die du brauchst, um etwas, was du selbst genießt, zu tun – sei es ein Fußballspiel mit deinen Freunden oder eine abendliche Runde mit dem Motorrad, fischen gehen, ein Museum besuchen oder ein Buch lesen.

Vor einiger Zeit kam ein junges Paar zu mir – sie waren beide 35 Jahre alt, seit zwölf Jahren verheiratet und hatten zwei Kinder: einen achtjährigen behinderten Sohn und ein vierjähriges Mädchen. Die Frau war als freiberufliche Journalistin tätig, der Vater Eigentümer einer Firma mit fünfzig Angestellten und arbeitete dort als Manager. Sie erzählten mir ausführlich, wie tief ihre Liebe sei und wie ihnen an ihrer Beziehung läge: dass sie stets versuchen, trotz der Behinderung ihres Sohnes, die sehr viel Kraft und Zeit in Anspruch nimmt, ihre Beziehung lebendig und spannend zu erhalten. Doch seit einiger Zeit, vielleicht einem Jahr, spüren sie eine gewisse Distanz einander gegenüber, was sie dazu bewog, mich aufzusuchen. Eines der störendsten Symptome, die sie an sich feststellen mussten, war, dass ihr Sexleben fast gar nicht mehr existierte.

Nach dieser langen Einleitung saßen wir dann eine Weile alle ganz still da – etwas unschlüssig und ratlos, welchen Lauf diese Konsultationsstunde nehmen würde. Ich hatte zwischenzeitlich gemerkt, dass der Mann den Kopf von seiner Frau abgewandt hatte, und sah Tränen in seinen Augen. Ich wandte mich ihm zu und fragte ihn, worüber er denn gerade nachdenke. Er sagte: »Bitte frag mich nicht danach, ich kann wirklich nicht darüber sprechen.« Nach einigen weiteren Minuten des Schweigens entschied er sich dann dennoch, über das, was ihn beschäftigte, zu reden: »Immer wenn ich früher aus der Arbeit wegfuhr, konnte ich es kaum erwarten, endlich zu Hause anzukommen, um bei meiner Familien zu sein. In den letzten Monaten war dieses Gefühl weg: Wenn ich vor der Haustür stand, hatte ich das Gefühl, dass ich am liebsten wieder umkehren und zurück in die Arbeit fahren würde. Und ich schäme mich dafür so sehr…« Er schämte sich tatsächlich so sehr, dass er sich nicht getraute, seiner Frau in die Augen zu sehen, als hätte er erwartet, dass sie sich sofort von ihm scheiden lässt.

Ich hielt mir nun all das, was mir dieses Paar erzählt hatte, vor Augen und führte alle Puzzlestücke in meinem Kopf zusammen: wie sie sich gemeinsam dafür eingesetzt haben, um ihrem behinderten Sohn ein angenehmes und medizinisch gut versorgtes Leben zu ermöglichen, wie heftig der Sohn reagierte, als plötzlich seine kleine Schwester zur Welt kam, wie sie es möglich gemacht haben, dass die junge Mutter trotzdem wieder angefangen hat, Teilzeit zu arbeiten usw.

Ich wusste plötzlich, welches Problem zwischen ihnen stand und ich sagte dem Mann: »Du musst anfangen, »nein« zu sagen. Du trägst eine 150-prozentige Verantwortung für deine Familie, du bist 150-prozentig involviert und engagiert – du musst auch »nein« sagen können.« Er konnte es kaum fassen, dass ich so etwas vorschlug und ließ mich gar nicht ausreden: »Du weißt nicht, worüber du sprichst! Weißt du, was es heißt, ein behindertes Kind zu haben? Wie fordernd das alles ist – und zwar nicht nur die Sorge um dieses Kind, sondern auch um seine Schwester: Ob sie genug Liebe und Aufmerksamkeit von uns bekommt?!« Darauf antwortete ich ihm: »Was ich mit diesem »nein« bezüglich deines extremen Verantwortungsbewusstseins meine, ist, dass du wieder »ja« zu dir selbst sagst – »ja« zu deinen eigenen Bedürfnissen, Wünschen, Sehnsüchten sowie zu deinen Grenzen und Begrenzungen.« Er schaute mich an und sagte: »Du musst verrückt sein!« Dann aber schaute ihn seine Frau mit so viel Liebe in ihren Augen an – ich kann mich nicht erinnern, je mehr Liebe in den Augen eines Menschen gesehen zu haben – und sagte zu ihm: »Er hat recht. Weißt du, als wir uns begegnet sind, bist du an mindestens einem Wochenende im Monat Motorrad gefahren. Du hast zweimal die Woche Tennis gespielt, bist oft ausgegangen und hast Billard mit deinen Freunden gespielt.« Er schaute sie an und sagte: »Mein Gott, das war doch vor langer Zeit, als wir noch keine Kinder hatten …« Sie schaute ihm noch immer unentwegt in die Augen und sagte dann mit einer sanften Stimme: »Aber das war der Mann, in den ich mich verliebt hatte.« Seine Tränen des schlechten Gewissens und der Schuldgefühle verwandelten sich plötzlich in Tränen der Freude und des Glücks. – Selbstverständlich ging unsere Konversation weiter, doch war unsere Sitzung mit dieser Bemerkung seiner Frau beendet.

Nach einiger Zeit traf ich die beiden wieder und sie erzählten mir, dass ihre Paarbeziehung wieder da sei – mit all ihren alten Qualitäten, ja sogar mit einem stärkeren Gefühl der Zugehörigkeit und Seelenverwandtschaft.

Dieses eine Beispiel sagt sehr viel mehr aus als theoretische Abhandlungen zum Thema »Wie wichtig es ist, dass Eltern für ihre Paarbeziehung Sorge tragen, dass sie ein Leben lang für sich selbst genauso wie für ihre Familie sorgen müssen«.

Die Tatsache, dass nur noch Familienangelegenheiten im Mittelpunkt des Alltagslebens stehen, empfinden und merken Männer meist anders als Frauen. Sie fühlen sich plötzlich eingeengt, wie in einem Gefängnis, als hätten sie komplett ihre Freiheit eingebüßt. – Wenn dir dies passiert, dann ist es höchste Zeit, dass du dich mit deiner Partnerin zusammensetzt und herausfindest, welche wichtigen Bedürfnisse oder Träume du aufgeben musstest. Niemand kann dir deine Freiheit rauben – wir verschenken unsere Freiheit meist freiwillig als ein Zeichen unserer Liebe und unseres Pflichtgefühls. Doch nach sieben oder zehn Jahren entdecken wir, dass wir mehr gegeben haben, als wir uns leisten konnten.

Ob du in einer Beziehung oder als ein Halb- oder sogar ganz Alleinerziehender lebst, es ist wichtig, für deine Bedürfnisse als erwachsener Mensch Sorge zu tragen. Wenn du alles für deine Partnerin oder deine Kinder aufgibst, dann machst du sie für dein Unglück verantwortlich. Demnach: Sei ein Mann und gib auf dich selbst Acht – um deiner Familie willen! Keine Frau und keine Mutter kann diese Aufgabe für dich übernehmen.

Partner oder Butler sein?

Jetzt wird's langsam ernst! Wir nähern uns dem Weg, der beschreibt, wie du versuchen könntest, ein guter Partner und vielleicht auch ein guter Vater zu sein.

Vor nicht gar zu langer Zeit gab es die Tendenz, dass junge Männer immer wieder den Anlauf nahmen, ihren Frauen alles recht zu machen. Diese Haltung hat dann nicht nur dazu geführt, dass sie als Männer unglücklich wurden, sondern sie war für die Frauen unbefriedigend und für die Kinder unheilsam. Und mit diesem Bild eines Mannes, der seiner Frau in allem gefallen will, sind eine ganze Reihe Söhne und Töchter aufgewachsen.

Ich möchte gleich zu Beginn dieses Kapitels eine etwas sperrige Aussage loswerden, deren Erklärung sich dir im Lauf dieses Kapitels von allein erschließen wird: Es ist überhaupt nicht möglich, den Frauen etwas recht zu machen. – Obwohl diese Aussage weit verbreitet und allgemein bekannt ist, investieren trotzdem noch immer sehr viele Männer viel Zeit und Energie, um genau das zu tun, was sie beinhaltet.

Was bedeutet es, einer Frau alles recht machen zu wollen? Es bedeutet jedenfalls nicht, dass Frauen verglichen mit Männern besonders schwierig sind, es bedeutet einfach nur: Wenn die Art, deine Partnerin zu lieben, die ist, dass du ihr immer alles recht machen willst, dann wirst du nicht nur sie verlieren, sondern auch dich selbst. Und was dies heißt, möchte ich erklären, indem ich auf den Unterschied eingehe, den es zwischen Butler sein und Partner sein sowie den, den es zwischen Verliebtsein und Liebe gibt.

Wenn ein Mann einer Frau in klassischer Manier den Hof macht und um sie wirbt, bringt er ihr Blumen oder Geschenke, von denen er ausgeht, dass sie ihr gefallen könnten; er lädt sie zum Essen oder ins Kino ein; er macht alles, was ihr entspricht. Und bevor er seine eigenen Wünsche oder Bedürfnisse formuliert, wird er sich gewiss nach ihren erkundigen und sich genau danach richten. Diese Rolle verlangt nicht viel von einem Mann – lediglich etwas Höflichkeit, Interesse und Phantasie.

Wenn du dich allerdings entscheidest, mit einer Frau, die du begehrst, eine Familie zu gründen, muss die Investition in diese Beziehung ganz anderer Natur sein – denke aber nicht, dass du ihr in dem Fall ab sofort nicht mehr den Hof machen, sie nicht mehr umschwärmen und verführen sollst. Es muss dir aber bewusst werden, dass es für deine Beziehung ein stabileres Fundament geben muss, wenn du eine Familie gründen willst – und das hat nicht viel mit Verspieltheit, sondern eher was mit Selbstverantwortung zu tun. Diesem Phänomen der Selbstverantwortung will ich mich nun im Weiteren widmen.

Verantwortlich für dich selbst zu sein heißt, Verantwortung zu tragen für das, was du sagst, sowie für deine Werte, Grenzen und Emotionen. Vieles davon hast du von anderswoher übernommen – von deinen Eltern, aus der Schule und deinem Freundeskreis. Als Erwachsener ist es deine eigene Entscheidung, ob du dir all das zu Eigen machst oder durch anderes, was dir nähersteht und dir angemessener erscheint, ersetzt. In einer Liebesbeziehung für sich selbst Verantwortung zu tragen heißt, dass du all das mit deiner Partnerin teilen kannst.

In einer Welt, in welcher die meisten Menschen nach jemandem suchen, den sie beschuldigen, in einer Welt, in der die Medien immer den Schuldigen fokussieren, kann es sein, dass dir zunächst dieser Anspruch, Selbstverantwortung zu entwickeln, kurios und fremd erscheint, er hat jedoch einen entscheidenden Einfluss auf das Wohlbefinden deiner Frau und Kinder sowie auf dein eigenes Wohlbefinden.

Selbstverantwortung ist ein systemisches Phänomen – der Begriff kommt aus der Systemtheorie und hält die Tatsache fest, dass innerhalb einer definierten Gruppe – zum Beispiel der Familie – jedes Mitglied konstant die Existenz des anderen beeinflusst und umgekehrt. In Bezug auf Selbstverantwortung bedeutet dies: Wenn du nicht ganz und gar Verantwortung für dich selbst übernimmst, wird deine Frau eine größere Last tragen müssen, d.h. mehr Verantwortung haben, und deine Kinder werden mit Schuldgefühlen infiziert. Dieses Phänomen ist allen sofort klar, wenn wir über einen Mann sprechen, der Alkoholiker ist: In seinem Fall wissen wir gleich, dass er das Leben seiner Partnerin sehr schwer macht und dass sein Zustand dazu führt, dass seine Kinder sich schuldig fühlen, weil Kinder immer glauben, dass sie Schuld daran seien, wenn es ihren Eltern nicht gut geht.

Selbstverantwortung zu übernehmen und selbstverantwortlich zu leben, wird dich in die Lage versetzen, dass du dich als Individuum besser fühlst, es wird dir helfen, ein besseres Selbstwertgefühl zu entwickeln. Selbstverantwortung äußert sich nicht nur in den großen und ernsten Lebensfragen, sie ist genauso bedeutend in den kleinen Dingen des Alltags.

Einige Beispiele: Wenn du vorhast, mit deiner Frau abends auszugehen, kann es sein, dass sie dir tagsüber sagt, sie wüsste nicht, was sie abends anziehen soll und fragt dich, was du meinst. Du handelst weise, wenn du wirklich darüber nachdenkst und ihr mitteilst, was sie deiner Meinung nach anziehen könnte. Das Ergebnis wird aller Wahrscheinlichkeit nach das sein, dass sie aus dem Badezimmer kommt und zu deiner großen Überraschung etwas ganz anderes anhaben wird als das, was du ihr vorgeschlagen hast. Warum ist es dann also wichtig, wirst du dich fragen, dass ich ihr meine Meinung sage? Es ist wichtig, weil deine Meinung ihr dazu verholfen hat, ihre eigene Meinung zu bilden. Sie hat dich nicht aus eigener Unsicherheit heraus gefragt; sie wollte es ganz gewiss nicht dir überlassen, eine Entscheidung zu treffen; sie hat dich gefragt, weil sie durch dich inspiriert werden wollte, um dann anschließend ihre eigene Entscheidung treffen zu können.

Ähnlich verhält es sich, wenn ihr zusammen einkaufen geht und sie dich fragt, was du gerne abends essen möchtest. Überlege es dir und lass es sie wissen.

Die meisten Männer drücken sich davor, ihre Meinung zu äußern – und das hat viele Gründe. Die meisten wollen keinen Konflikt riskieren oder keine Probleme verursachen, nach dem Motto. »Es ist Freitagnachmittag, also lass uns – um Himmels willen – den Abend friedvoll und harmonisch verbringen.« Unglücklicherweise handeln viele Männer nach demselben Schema, wenn es heißt, eine Reihe von anderen Entscheidungen zu treffen – bezüglich der Kinder, der Farbe ihrer Hauswände, des Geburtstagsgeschenks für die Oma oder den Opa usw.

Wenn dies dein Verhaltensstil ist, wird sich deine Partnerin sehr bald alleine gelassen fühlen, genauso wie ein Kind sich alleine gelassen fühlt, wenn Eltern ihm immer alles recht machen wollen, um Konflikte und Frustration zu vermeiden. Demnach zieh am besten folgende Schlussfolgerung aus diesen Beobachtungen: Es kann tatsächlich sein, dass es dir völlig egal ist, was du abends essen wirst oder welche Art von Vorhängen deine Frau für euer Zimmer kauft, ihr aber ist es nicht egal, es ist für sie wichtig, dass du darüber nachdenkst und ihr deine Meinung mitteilst. Wenn du deine Meinung nie äußerst, wird es um deine Frau immer einsamer; zudem wirst du auch merken, dass sie immer häufiger Entscheidungen für die ganze Familie alleine trifft und immer mehr Kontrolle ausübt. Ihr Verhalten hat nichts mit ihrer Persönlichkeitsstruktur zu tun, es ist auch keine spezielle Eigenart von ihr, die plötzlich zum Zuge kommt, auch ist es nicht ihr Machthunger. Es ist eine logische Konsequenz von dem, was zwischen euch beiden abläuft oder, in diesem Fall, nicht abläuft.

Verantwortung für dich selbst schließt auch die Fähigkeit ein, dass du auf deine eigene Kleidung achtest, dich angemessen ernährst und hinter dir sauber machst. Du musst dies nicht jeden Tag machen, wenn deine Partnerin einverstanden ist, einiges an manchen Tagen für dich zu übernehmen, aber in diesem Fall sollte es dir klar sein: Sie tut dir einen Gefallen, den du wertschätzen musst.

Wie ich zuvor bereits angemerkt habe – die Beziehung zwischen Müttern und ihren Söhnen ist oft ungesund. Einige Mütter neigen dazu, ihre Söhne zu bemuttern, mit anderen Worten: Sie bedienen die Söhne rund um die Uhr und meinen, auf diese Weise ihre große Liebe auszudrücken. Ähnlich verhalten sich auch manche Ehefrauen – und selbst wenn dies angenehm und recht komfortabel für dich sein mag, wie ein Baby rund um die Uhr betreut und versorgt zu werden, befolge vielleicht doch lieber meinen Rat: Lass dich nicht rund um die Uhr bedienen, erlaube dieses Verhalten seitens deiner Partnerin nur ab und zu, wenn sie dir wirklich garantieren kann, dass ihr Service nicht mit einem Preisschild daherkommt oder mit versteckten Erwartungen und du dann deinerseits bestimmte Dienste zu vollziehen hast. Ich rate nicht dazu, dass die Arbeiten in eurem Haushalt 50 % zu 50 % verteilt werden, um sicherzugehen, dass eure

Beziehung gut läuft. Ich rate lediglich dazu, herauszufinden, wie ihr euch am besten arrangiert, damit die Arbeiten, die ihr leistet, euch nicht überfordern und jeweils zu euch passen.

In allem, was du angehst, sei dir dessen bewusst, dass du für dich selbst verantwortlich bist – für dich als Person und für deine eigenen Bedürfnisse; du bist auch dafür verantwortlich, wenn du deine Verantwortung delegierst oder abgibst bzw. wenn du sie erneut übernimmst.

Wie ihr euch entscheidet und wie ihr die anstehenden Arbeiten in eurer Familie verteilt, ihr seid gut beraten, wenn ihr eure Rollen und die Aufgaben in der Familie in gewissen Abständen überprüft. Denn sowohl Frauen als auch Männer neigen sehr oft dazu, unbefriedigende und frustrierende Bedingungen viel zu lange zu ertragen, was meist zu bösen Streitigkeiten mit gegenseitigen Anschuldigungen führt.

Selbstverantwortung ist ein entscheidendes Thema für jene Männer, die ungewollt Väter geworden sind. Viele Männer schlittern ungefragt in die Vaterschaft, weil viele Frauen ihre Partner vor die vollendete Tatsache stellen, dass sie schwanger sind und dass sie das Kind austragen wollen. Manche Männer, denen dies widerfährt, hatten bis zu diesem Zeitpunkt keine Gelegenheit, sich mit der Frage, ob sie Vater werden wollen und was das für sie bedeutet, zu konfrontieren.

So, wie andere Lebenssituationen, die sich plötzlich einstellen, erfordert auch dieses Ereignis von dir als Mann eine ganz bewusste Entscheidung. Ob deine Freundin zufällig schwanger geworden ist oder ob sie dich manipuliert hat, ist in diesem Augenblick weniger relevant, es zählt allein, dass du selbstverantwortlich reagierst. Tust du das nicht, machst du dich zum Opfer.

Fühlst du dich unter Druck, ist es Zeit, eine Entscheidung zu treffen: Will ich mein Leben mit einer Frau verbringen, in die ich nicht wirklich Vertrauen haben kann? Will ich, dass mein Kind mit einem Vater aufwächst, der ihn nie wirklich gewollt hat und der ein Opfer aus sich selbst macht? Wenn du deine Frau nur so sehen kannst und du dein Kind nicht wirklich annehmen kannst, dich aber trotzdem für die beiden entscheidest, machst du dich zum Opfer. Die Alternative wäre, ein Single zu bleiben oder dein Leben mit einer anderen Frau zu verbringen. Es geht bei dieser Entscheidung letztlich um deine künftige Lebensqualität.

Die Tatsache, dass Frauen sozial und finanziell nicht mehr von Männern abhängen, lässt Männer zu Samenspendern werden – das ist historisch gesehen eine völlig neue Situation, und trotzdem unterscheidet sie sich im Wesentlichen nicht sehr von der Situation 40 bis 60 Jahre vorher, als Frauen zum selben Mittel griffen und ganz bewusst schwanger wurden, um sozial und finanziell abgesichert zu sein bzw. sich von ihrem Elternhaus befreien zu können. So oder so – manchmal fragen Frauen ihre Männer nicht einmal, ob sie Väter werden wollen oder nicht. Dass dies moralisch nicht in Ordnung ist, sollte dich aber niemals davon abhalten, selbstverantwortlich zu handeln und einen persönlichen Entschluss zu fassen, damit du auf keinen Fall lebenslänglich unglücklich bist. Entweder du lebst mit deinem Kind, ohne dich als Opfer zu fühlen, oder du lebst ohne dein Kind, weil du zu dem Schluss kommst, dass es dir unter diesen Umständen schwerfällt, es wirklich zu lieben.

Liebe ist anders

Verliebtsein ist leicht – du kannst nicht entscheiden, wann und in wen du dich verliebst, du kannst aber sehr wohl den Zustand genießen, solange er anhält. Trotzdem solltest du in deiner Schwerelosigkeit einer Tatsache Rechnung tragen: Wenn du verliebt bist, bist du – ob du willst oder nicht – von dir selbst entfremdet. Dies mag befremdend klingen, weil du gewiss das Gefühl hast, dass du von dem anderen Menschen, in den du dich verliebt hast, absorbiert bist. Doch das ist ein Irrtum: Die ganze Freude am Verliebtsein ist – dass du dich selbst wunderbar fühlst, erfolgreich und anerkannt, wenn du mit deiner Auserwählten zusammen bist. Du fühlst dich wunderbar in deiner Haut, teilst jedoch auf Schritt und Tritt der anderen Person mit, wie wundervoll sie ist.

Wie du vielleicht bereits in Erfahrung gebracht hast – das Verliebtsein mit dem ganzen Paket Testosteron und sexueller Hyperaktivität hält nur drei bis fünf Jahre an, manchmal ist die Zeitspanne des Verliebtseins sogar sehr viel kürzer. Ist diese Zeitspanne vorbei, heißt es nicht, dass deine Partnerin nicht mehr »wundervoll« ist, es heißt lediglich, dass diese Beziehung sich vertiefen muss, sonst verflüchtigt sie sich. Mit anderen Worten: Du und deine Geliebte, ihr müsst, euch lieben lernen.

Die Kunst, jemanden zu lieben, unterscheidet sich von dem Zustand des Verliebtseins, in dem du von dir selbst absorbiert bist und in lauter Glückshormonen badest. Lieben heißt: sich der Wünsche, Sehnsüchte, Werte und Gedanken der anderen Person bewusst sein.

Eine Familie zu gründen heißt nicht, sich den Wünschen, Sehnsüchten, Werten und Gedanken deiner Partnerin stets anzupassen – nein, eine Familie zu gründen heißt, Raum zu schaffen für all die vielen Unterschiede und einen flexiblen Umgang damit zu ermöglichen. So formuliert, klingt alles sehr einfach. Was die Sache allerdings etwas erschwert, ist, dass du in dir die Fähigkeit entwickeln musst, deine Partnerin zu lieben, ohne deine eigene Integrität aufs Spiel zu setzen. Eine bestimmte Anzahl von Kompromissen ist gewiss nötig, aber es ist nicht nur für dich, sondern auch für deine Partnerschaft gefährlich, wenn du dich total aufgibst, deine Wünsche und Sehnsüchte über Bord wirfst, deine Ansichten und Überzeugungen durchstreichst. Dem Bedürfnis, mit deiner Partnerin wie Zwillinge zusammenzufließen, und doch die eigene Individualität wahren, ist für viele Paare eine lebenslange Gratwanderung. Und leider gibt es keine Lösung und kein Rezept für diesen wichtigsten emotionalen und existenziellen Konflikt in jeder Liebesbeziehung. Sogar im Zusammensein mit unseren Kindern fällt es uns manchmal sehr schwer, deren eigene Persönlichkeit und deren eigenen Weg zu akzeptieren.

Um ein Beispiel zu nennen: Wenn deine Frau es genießt, in der Natur zu sein, während du es weniger oder gar nicht genießt, ist es manchmal wichtig, dass du mit ihr einen schönen Ausflug in die Berge oder durch einen Wald machst. Und wenn du die Natur, die euch umgibt, nicht wirklich genießen kannst, genieße deine Frau. Denn das ist die Hauptsache: Wenn deine Frau etwas erlebt, was sie vollends genießt, kann das für dich eine Offenbarung sein, du erlebst, wie sie aufblüht, du erlebst, wie attraktiv und schön sie dabei ist. Dasselbe gilt, wenn ihre Leidenschaft der Oper, dem Theater, der Literatur, dem Sport gilt.

In der Verliebtheitsphase fällt uns das alles sehr leicht. Wenn dich die Frau, in die du verliebt bist, anruft und dir vorschlägt, ihr könntet doch zusammen ins Kino gehen, wirst du selbstverständlich sofort »ja« sagen. Du wirst keine Zeit mehr damit vergeuden, zu fragen, um welchen Film es sich handelt. Es wird einige Jahre dauern, bis du anfängst zu fragen, welchen Film ihr euch denn anschauen wollt. Und dann noch einige weitere Jahre, bevor du Alternativen vorschlägst oder sogar meinst, sie möge sich den Film lieber allein anschauen, du würdest stattdessen mit Freunden Karten spielen. So kommt es in den meisten Partnerschaften zur »siebenjährigen Krise«: Nach sieben Jahren Zusammenleben mit ein- und derselben Frau fängt allmählich wieder der Alleingang an.

Dass sich diese Krise einstellt, darf niemanden verwundern: Unser Verliebtsein macht es, dass wir viel zu oft »ja« sagen, der Partnerin zustimmen oder ihr einen Gefallen tun – öfter, als wir es machen sollten. Aber allmählich verwandeln sich Lust und Vergnügen, mit deiner Partnerin in jeden Film zu gehen, den sie vorschlägt, in eine Pflicht. Und in dem Augenblick, in dem du dieses Pflichtgefühl verspürst, bist du gefangen und nicht mehr wirklich frei. An diesem Punkt angekommen, meist nach sieben bis zehn Jahren, macht sich die Krise bemerkbar und du wirst früher oder später eine Entscheidung treffen müssen: Entweder du lässt dich scheiden oder du versuchst zusammen mit deiner Partnerin, deine und ihre Individualität neu zu definieren, anzuerkennen und zu respektieren. Nach diesem Einschnitt könnte es sein, dass ihr nie wieder in denselben Film geht, weil du andere Genres vorziehst als sie; es könnte sein, dass ihr ab sofort getrennte Schlafzimmer habt, weil sie schon längst von deinem ewigen Schnarchen abgeturnt ist; es könnte sein, dass ihr völlig unterschiedliche Freundeskreise habt, die ihr individuell pflegen wollt. Das sind lauter Zeichen, dass ihr euch beide weiterentwickelt – und es sind keineswegs Zeichen, dass ihr kein Paar mehr seid.

Wann immer du »ja« sagst und etwas deiner Partnerin zuliebe machst, frag dich immer selber, ob du dies wirklich gerne machst oder ob du dies nur machen kannst, wenn du deine Integrität einbüßt. Diese Frage ist entscheidend, denn sie betrifft dein eigenes In-der-Welt-sein. Nur du kannst diese Frage beantworten. Und beantworte sie aufrichtig. Du tust dir keinen Gefallen, wenn du dich belügst, wenn du deinen Freunden, Verwandten, Kindern mehr Gehör schenkst als dir selbst. Sei verantwortlich für dich selbst, um nach wie vor eine starke Beziehung zu haben!

Nach weiteren sieben Jahren taucht womöglich die nächste Krise auf – spätestens jetzt solltest du in dich gehen, dich selbst, deinen Lifestyle, deine Arbeit, deine Gepflogenheiten gut anschauen, um dann einige wichtige Fragen beantworten zu können: Was von all dem willst du aufrechterhalten, was willst du verändern, von was willst du dich trennen? Schau dir auch deine Partnerin gut an und entscheide, ob du mit diesem Menschen den Rest deines Lebens verbringen willst. – Eine Beziehung über mehrere Jahre intakt und lebendig zu erhalten, ist nicht nur eine Frage der Gefühle, sondern vor allem eine Frage des Willens.

Sei authentisch!

Dass es überhaupt nicht möglich ist, einer Frau alles recht zu machen, habe ich bereits ausgeführt. Sollte sich deine Frau also wieder einmal über dich beschweren, stell ihr einfach die Frage, die bereits viele Männer Frauen gestellt haben: »Kannst du mir bitte sagen, was du willst?« Die Absicht der meisten Männer hinter dieser Frage ist: »Wenn ich wüsste, was du willst, würde ich es dir sofort geben.« – Meine Absicht, dir diese Frage zu empfehlen, zielt auf etwas anderes ab, was ich dir in diesem Kapitel nahelegen möchte.

Eine Frau mit wenig Lebenserfahrung wird über deine Frage sehr glücklich sein und dich mit einer ganzen Liste von Dingen ausstatten, die sie sich wünscht. Sie wird es durchaus genießen stundenlang mit dir über diese Wunschliste zu sprechen, um sich zu versichern, dass du auch ja alles korrekt verstanden hast. Eine erfahrene Frau wird dir auf deine Frage eine kurze Antwort geben: »Finde es selber heraus!« Und eine weise Frau wird ganz einfach antworten: »Dich!« Was sie meint, ist: Ich will deine Spielchen nicht, ich will deine konstanten Versuche, mir alles recht machen zu wollen, nicht, ich will eine authentische Version von dem, der du bist – wenn möglich jede Minute des Tages. Versteh diese Aufforderung, authentisch zu sein, nicht falsch: Sie wird dich darum bitten, auch wenn sie selbst nicht in der Lage ist, dir dasselbe anzubieten.

Diese Forderung nach Authentizität ist für jeden Mann überraschend und erschreckend zugleich, vor allem für Männer, die mit einem distanzierten Vater und mit einer Mutter aufgewachsen sind, der man alles recht machen musste oder noch schlimmer: die einen nur dann lieben konnte, wenn man ihr zu Diensten stand.

Authentisch sein kann zunächst Angst einflößend und sehr schwer zu verstehen sein, aber es ist eine wertvolle Herausforderung – nicht nur, um deine Beziehung zu deiner Partnerin zu stärken, sondern auch, um ein guter Vater zu werden. Denn die einzige Kommunikation zwischen den Eltern und Kindern, die wirklich funktioniert, ist die authentische Kommunikation.

Authentisch zu werden ist nicht etwas, das du dir über Nacht aneignen kannst. Auch schaffen es sehr wenige Menschen, die ganze Zeit über authentisch zu sein. Aber wie in vielen anderen Lebensaspekten bedeutet diese Herausforderung nicht: Werde perfekt! Sie ist eher so etwas wie eine Einladung: Versuche, dein Bestes zu tun! – Der Unterschied zwischen »deine Rolle als Mann zu perfektionieren« und »als ein menschliches Wesen authentisch zu werden«, ist groß.

Authentisch sein bedeutet, Gedanken, Gefühle und Werte auszudrücken, die in Übereinstimmung mit dir selbst stehen. Das heißt: Du musst in dich gehen und in dir selbst deinen Maßstab finden. Es ist nicht verkehrt, darauf zu achten, was »man« sagt oder tut, wie es auch nicht falsch ist, gegenüber den Erwartungen oder Wünschen der anderen empfänglich zu sein, aber letztlich kommt es nur darauf an, den Weg zu wählen, der am besten zu dir passt, oder den Ausdruck, der dich am aufrichtigsten spiegelt.

Da wir bislang eher in Familien aufgewachsen sind, die den persönlichen Weg oder persönlichen Ausdruck nicht besonders ermutigt und anerkannt haben, ist unsere angeborene Authentizität überlagert von angelernten Höflichkeiten, Nettigkeiten sowie leeren Gesten des guten Willens und der guten Absicht. Und wenn wir dann als Erwachsene anfangen, uns selbst zu suchen, ist das so, als würden wir Überlebende nach einem schweren Erdbeben suchen.

Ich stelle dies nicht fest, um damit zu vermitteln, dass ich etwas gegen höfliches oder nettes Verhalten habe, sondern lediglich um die Tatsache zu unterstreichen, dass Höflichkeiten und Nettigkeiten bei Weitem nicht genügen, um wichtige Beziehungen aufrechtzuerhalten. Dasselbe gilt für zwei der traditionell männlichen Eigenschaften – Verstand und Logik. Auch sie helfen uns auf der Suche nach unserer Authentizität nicht weiter.

Beziehungen wie die zu unserer Partnerin und unseren Kindern sind fundamental irrational. Nach Sinn und Bedeutung im Chaos zu suchen, ist wahrscheinlich vergeblich. Trotzdem ein kleiner Trost: Was du auf jeden Fall wissen solltest, ist, dass die Herausforderungen, die deine Partnerin und deine Kinder an dich herantragen, in den meisten Fällen sinnvoll sind und etwas zu bedeuten haben.

Wenn ich behaupte, dass diese Herausforderungen von Bedeutung sind, dann meine ich das in einem existenziellen Sinne: Sie verhelfen uns dazu, in den Bereichen unserer Existenz zu wachsen, die wir sonst gänzlich vernachlässigen würden. Daher sind folgende Fragen zu stellen: Wie bereichere ich dein Leben? Und was gibt mir deine Art, in der Welt zu sein, was ich sonst auf diese Weise nicht bekommen kann?

Wenn dich also deine Partnerin das nächste Mal fragt, ob du sie noch liebst, denk daran: Wonach sie eigentlich fragt, ist: »Ich möchte wissen, in welcher Weise ich dein Leben bereichere.«

Hier nun einige Beispiele von Authentizität im Alltag:

Wenn deine Partnerin dich fragt: »Ich dachte, wir könnten nächstes Wochenende meine Eltern besuchen, machst du mit?« Dann frag dich wirklich, ob du das willst, und gib ihr eine ehrliche Antwort – entweder: »Ja, sehr gerne!«, oder: »Nein, ich möchte nicht mitkommen.« Oder: »Deine Eltern besuchen, ist für mich nie ein großes Vergnügen, aber wenn du mich dabei haben willst, komme ich mit.«

Wenn dir dein Kind eine Zeichnung zeigt, die es für dich gemacht hat, gib ihm die bestmögliche persönliche Antwort: »Danke, deine Zeichnung gefällt mir! Vor allem diese große, orangefarbene Sonne!« Oder: »Danke, ich schau mir deine Zeichnung später genauer an, wenn ich etwas mehr Zeit habe.« Oder: »Danke, ich kann nicht erkennen, was diese Zeichnung darstellen soll, kannst du mir das erklären?« Oder: »Danke, das ist ein wunderschönes Haus. Ich denke, das ist das Beste, das du je gezeichnet hast.«

Eine authentische Antwort kommt unmittelbar und ist aufrichtig: Sie beinhaltet das, was *du* von der Zeichnung hältst. Eine authentische Antwort ist das, worauf dein bester Freund aus ist, wenn er dir sein neuestes Gemälde präsentiert oder wenn er dir sein neuestes Gedicht vorliest oder dir seinen neuen Garten zeigt. Er fragt dich nicht nach einem elaborierten, einige Male durchdachten ästhetischen Urteil oder nach der Meinung des Gartenfachmanns. Das Einzige, was er wirklich wissen möchte, ist, ob *dir* sein Werk etwas sagt, was in *deinem* Kopf und *deinem* Körper vorgeht, wenn du dir sein Werk anschaust oder anhörst. Um so authentisch wie möglich zu sein, kannst du ihm folglich keine Standardsätze (was *man* so sagt) anbieten und dich mit hohlen Phrasen aus der Affäre ziehen. Du musst dich seiner Frage stellen, du musst in dich hineinfühlen, dich selbst befragen und ihm dann mit *deinen* Worten antworten. Das heißt: Du musst dich öffnen und dabei in Kauf nehmen, dass du dich verletzbar machst – und das ist an einer authentischen Antwort der Teil, vor dem man meist zurückschreckt. Aber eine andere Alternative gibt es nicht, es sei denn du ziehst es vor, ein oberflächlicher Charakter oder vorhersehbarer Typ zu sein.

In vielen Situationen wirst du erleben, dass Frauen, mit denen du zusammen bist, für sich in Anspruch nehmen, authentischer zu sein als du und überhaupt Männer im Allgemeinen. In ihren Worten heißt das dann, sie stünde besser mit den eigenen Gefühlen in Kontakt. Aber das ist längst nicht immer zutreffend. Was tatsächlich stimmt: Die meisten Frauen können leichter *über* ihre Gefühle sprechen als Männer. Aber das ist nichts als ein weiterer sozialer Standard. In Wirklichkeit wirst du vielleicht die Erfahrung machen, dass deine Partnerin ihr wahres Selbst sehr oft verbirgt, ihre Gefühle zurückhält und ihre Erfahrungen, die sie verletzbar machen könnten, nicht mitteilt. Meist ist dies kein bewusster Akt, dir etwas vorzumachen oder dich anzulügen. Ihr Verhalten lässt sich darauf zurückführen, dass vor gar nicht so langer Zeit Frauen manchmal gezwungen waren, zu lügen, und Männer kein Interesse an ihren persönlichen Gefühlen und Erfahrungen bekundeten.

Wie ich bereits zu Beginn andeutete: Der Wunsch und das Ziel, so authentisch wie möglich zu werden, ist neu. Wenn du demnach nicht einer von jenen wenigen glücklichen Menschen bist, die, ohne ihre Authentizität einzubüßen, die Kindheit überlebt haben, stehst du vor der Entscheidung: Entweder du spielst deine Rolle in der Art und Weise, wie das die Gesellschaft von dir erwartet, oder du versuchst, deine Authentizität zu finden und zu entwickeln. Diese Entscheidung bringt gleichzeitig einen tiefen und lebenslänglichen Konflikt mit sich – einen Konflikt, den ich in einigen meiner Bücher beschrieben habe: der Konflikt zwischen Individualität und Konformität, zwischen Individuation und Anpassung.

Indem ich behaupte, dass dies ein tiefer und lebenslänglicher Konflikt ist, will ich dir mitteilen, dass du diese Problematik nicht ein für allemal lösen kannst. Jeder Tag birgt kleinere oder größere Herausforderungen in sich, bei denen du immer wieder aufs Neue vor dieser Entscheidung stehst, es sei denn, du triffst die Wahl, immer das zu tun, was *»man«* tut.

Ein Mensch, der sich an äußere Rahmenbedingungen anpasst, erfährt jede Menge Sicherheit und Geborgenheit. Der Versuch, ein authentischer Mensch zu werden, ist hingegen risikoreich. Die Entscheidung, wie du leben willst, triffst nur du allein. Für die Wahl, die du triffst, sollte dich niemand weder preisen noch kritisieren.

Ich betonte bereits, dass authentisch werden nicht etwas ist, was sich über Nacht vollzieht, indem du es beschließt und dir fest vornimmst: »Ab sofort will ich nur noch authentisch sein.« Und auch dies ist nicht die ganze Wahrheit, denn es gibt selbstverständlich Menschen, die von einem Tag auf den anderen aus ihrem konformen Leben ausbrechen und einen Schlussstrich unter ihr bisheriges Leben ziehen. Dies passiert meist Menschen, die zum Beispiel eine Nahtoderfahrung gemacht haben oder an einer tödlichen Krankheit erkrankt sind. Aber für die meisten von uns stellt sich das authentische In-der-Welt-sein und Zusammenleben mit den Menschen, die wir lieben, als ein langsamer und schmerzvoller Lernprozess dar. Die Rollen – wie wir sie uns in unserer Kindheit angeeignet haben – sind nicht so leicht zu vergessen und abzustreifen. Das Gute daran ist, dass weder deine Partnerin noch deine Kinder Perfektion fordern oder erwarten, sie werden völlig zufrieden sein, wenn sie zumindest eine Bewegung in Richtung Authentisch-sein wahrnehmen.

Wenn du als Vater authentisch werden willst, ist das Beste, was du tun kannst, wahrzunehmen, wie dein Kind auf dich reagiert, um dann diese Reaktionen in liebevolles Verhalten und kooperative Botschaften zu übersetzen. Du wirst anfangs kein »guter Übersetzer« sein, du wirst Hunderte von Fehlern machen, aber sei ohne Sorge, dein Kind wird dir jeden Fehler bereits vergeben haben, bevor du ihn begehst, solange du deine Fehler auf dich nimmst und nicht das Kind dafür beschuldigst.

Merke dir: Jeder Mann muss das Vatersein für sich erlernen. Zudem lebst du heute in einer Generation von Vätern, die im Begriff sind, das Vatersein neu zu erfinden, und überhaupt: von Eltern, die die Elternschaft von Grund auf anders ausrichten wollen. Demnach ist es in Ordnung, zunächst als Amateur aufzutreten und Fehler zu machen.

Versuche, deine Chance zu erkennen: Dein Vorteil besteht darin, dass du auf keine Vorbilder zurückgreifen kannst – manche leiden darunter, dass sie sich an nichts oder niemandem orientieren können, aber das ist nicht besonders schlau und konstruktiv. Mach was aus deiner schwierigen Situation, verwandle sie in einen Vorteil, den deine Partnerin womöglich nicht hat: Viele Frauen leiden darunter, dass sie unzulänglich, nicht gut genug, ja nicht perfekt sind. Hilf deiner Partnerin, sich zu entspannen und Fehler zu machen – dein Kind wird es dir danken und dich mit Liebe überhäufen.

Väter haben auch Ängste

Die Angst, von der Väter am häufigsten berichten, entspringt dem Wunsch, immer alles richtig zu machen – es handelt sich bei dieser Angst um eine Performance-Angst.

Angst haben viele Paare, wenn sie ein Baby erwarten: Angst, dass das Baby mit einer Behinderung oder sogar einer chronischen Krankheit zur Welt kommt, Angst, dass sich Schwierigkeiten bei der Geburt einstellen, dass das Kind zu früh geboren wird … Diese Ängste sind nicht unbegründet, da solche Vorkommnisse nicht aus der Luft gegriffen sind. Auch die Angst, die du empfindest, wenn dein Kind in den Kindergarten kommt oder eingeschult wird, ist nachvollziehbar: Du übergibst dein Kind Erziehern und Pädagogen, die du nicht kennst, selbstverständlich hast du dann ein mulmiges Gefühl, ob das auch alles gut gehen wird. Die Angst jedoch, die sich aus deinem Wunsch ergibt, der beste Vater der Welt zu sein, geht an der Wirklichkeit vorbei – und ich rate dir, diese Angst loszulassen und statt dessen das Vatersein mit und von deinem Kind zu lernen. Die Erfahrung, die Kinder dabei machen, wenn sie merken, welch einen unschätzbaren Wert sie in unserem Leben haben, ist in den Jahren, in denen sie allmählich von Kleinkindern zu Jugendlichen werden, ihr größtes Kapital. Sie erfahren, dass »Erziehung« nicht eine simple Einbahnstraße ist, sondern eine Beziehung, die sich allmählich entwickelt und intensiviert. Wenn du also am Abend im Bett liegst und es überkommt dich diese Art von Angst, gibt es nur ein Heilmittel: Stell dir die Frage:

»Was habe ich heute von meinem Kind gelernt – über es selbst, über mich und das Leben ganz allgemein?« Beantworte dir diese Frage und ich versichere dir, du wirst wie ein Baby sofort einschlafen.

Ich höre schon einen der Väter ausrufen: »Als wäre das so einfach ... » Ich sage nicht, dass es einfach ist, aber nichts, was wertvoll ist, kann man einfach so besitzen – ausgenommen, man erbt jede Menge Geld, was aber selten jemanden glücklich gemacht hat.

Väter sprechen heute genauso über Ängste wie Mütter – das ist einerseits ein erlösendes, andererseits ein gefährliches Signal. Erlösend ist die Tatsache, dass über viele Generationen hinweg ein ganz eigenartiges Spielchen ablief, von dem sich Paare heute endlich distanziert haben: Mütter brachten ihre Ängste zur Sprache und Väter stellten sich tröstend an ihre Seite, um ihren Partnerinnen weiszumachen, dass es keinen Grund gibt, Angst zu haben. Ich bin mir sicher, dass die meisten der damaligen Väter dieselben Angstgefühle empfanden wie ihre Ehefrauen, trotzdem hatten sie sich instinktiv dafür entschieden, sie zu trösten, statt darin ein Ventil für ihr eigenes Gefühl oder Bedürfnis zu finden.

Als gefährlich betrachte ich das Phänomen, das wir heute sowohl bei Müttern als auch bei Vätern feststellen, wenn es um die Zukunft der Kinder geht. Es ist bestimmt nicht verkehrt, wenn Eltern nach der Geburt ihres Kindes etwas in Sorge sind, ob es noch atmet, ob ihm auch ja nichts fehlt, oder wenn das Kind krank ist, es zu umsorgen, doch wenn es darum geht, was das Kind mal werden soll oder nicht, landen Eltern oft bei einer fixen Vorstellung – und diese Gedanken und Gefühle können verhängnisvoll sein. Denn Kinder sind loyale und kooperative Wesen, und wenn sie unglücklicherweise Eltern mit fixen Vorstellungen haben, werden sie es sehr schwer haben, herauszufinden, wer sie sind und was sie gerne werden wollen. Diese Kinder werden zunächst ihren Eltern folgen, doch ist die Krise programmiert.

Der amerikanische Tennisspieler Andre Agassi hat es in einem Interview in der Süddeutschen Zeitung folgendermaßen ausgedrückt: »Um mich zu begreifen, muss man sich den Druck vorstellen können, unter dem ich schon als kleiner Junge stand. Bei uns zu Hause war die Stimmung davon abhängig, ob ich gut oder schlecht trainierte, ob ich gewann oder verlor. Entweder haben wir dann alle zusammen gegessen oder jeder hat für sich gefuttert. Später stiegen zwar die Einsätze, es ging um viel Geld, und es stiegen die Einnahmen, doch an unserer Art, als Familie zu funktionieren, änderte sich nichts. Verlieren bedeutete, dass es allen anderen schlecht ging, weil mein Vater eine Niederlage unter keinen Umständen akzeptierte. Bereits mit vier Jahren lernte ich, dass es Streit zwischen Dad und meinen älteren Geschwistern gab, wenn sie verloren hatten. Wenn ich ihnen beim Spielen zusah, hatte ich ständig Angst, sie könnten verlieren. Sie gewannen nicht oft genug, und ich war die letzte Hoffnung. Ich hatte Talent, ich gewann, aber ich hasste alles, was damit zu tun hatte.«

Mit 15 Jahren war Agassi ein Tennisprofi und Weltstar, mit 27 stellte sich die Krise ein, er wurde die Nummer 140 auf der Weltrangliste: »Brad Gilbert, der damals mein Trainer war, konnte meinen Abstieg nicht mehr ertragen und wollte ihn auch nicht mehr begleiten. Er bestellte mich und das Team aufs Hotelzimmer und sagte: ›Wir gehen hier erst raus, wenn du dich entschieden hast. Entweder hörst du auf, oder wir fangen ganz von vorne an.‹ Ich dachte: ›Hör auf, du hast Tennis nie gemocht und noch nie weniger als in diesem Moment.‹ Ich mochte mich nicht, ich mochte nicht, was ich erreicht habe.«

Tennis hatte Andre Agassi also nur seinem Vater zuliebe gespielt, doch dann kam der »Turning point«, Agassi nennt diesen Punkt »Offenbarung«: »Ich fragte mich: Wie wäre es, wenn nur ich darüber abstimme, wer ich als Tennisspieler sein will?« So fing Agassi noch mal von vorne an.

Nach seiner Krise war es in seinem Fall relativ leicht, zum Tennisspielen zurückzukehren. Für sehr viele andere Söhne oder Töchter ist es viel schwieriger, weil sie nie die Gelegenheit hatten herauszufinden, wer sie wirklich sind, welches ihre Begabung ist und was sie beruflich werden wollen. Sie haben viele Jahre damit verloren, jemand zu werden, der sie nicht sind, und sind zu »Projektkindern« geworden.

Wie findest du heraus, ob du gerade im Begriff bist, aus deinem Kind ein Projektkind zu machen, oder ob du wirklich nur aufrichtig möchtest, dass dein Kind das Beste aus sich macht und sein Potenzial voll ausnützt – egal, ob als Künstler, Handwerker, Akademiker oder Sportler?

Ich möchte dich auf die feine, fast unsichtbare Grenze zwischen der Haltung, die du einnimmst, wenn du deinem Kind das Beste wünschst, und deiner Haltung, wenn du aus ihm ein Projektkind machst, hinweisen. Die meisten Eltern wollen, dass ihre Kinder glücklich werden – an diesem Wunsch ist nichts auszusetzen. Es ist in Ordnung, wenn du jeden Abend, bevor du einschläfst, deinem Kind eine glückliche Kindheit und ein gutes Leben wünschst. Wenn du aber eine gewisse Grenze überschreitest, wenn du alles, was du tust, nur mit der Absicht tust, dein Kind glücklich zu machen, hast du just dein Kind in ein Projektkind verwandelt.

Aus unserer Geschichte und Literatur kennen wir viele Projektkinder – ich erwähne nur die »Buddenbrooks« von Thomas Mann, ein Roman in dem wir sofort fündig werden. Viele Söhne sind in die Fußstapfen ihrer Väter, die ihnen selbstverständlich nur das Beste gewünscht haben, getreten und sind dabei zu Clowns ihrer Väter geworden – egal ob als Priester oder Professor, Kaufmänner oder Politiker.

Wie in den vergangenen Generationen haben auch heutzutage Eltern den Ehrgeiz, Kindern ein besseres und leichteres Leben zu wünschen, als sie selbst es hatten, und manchmal wächst dieses Ziel sich zu einem regelrechten Weltverbesserungsprojekt aus. Selbst wenn das Streben nach Glück jedem Menschen einleuchtet, verwandelt es sich für Kinder sehr rasch in ein Gefängnis, wenn es zum großen Projekt ausgebaut wird. Kinder werden auf eine solche Tendenz der Eltern auf zweierlei Weise antworten: Ungefähr die Hälfte der Kinder wird ihr Bestes tun, um glücklich zu erscheinen; und selbst wenn diese Kinder unglücklich sind, werden sie mit ihren Eltern nicht darüber sprechen. Die andere Hälfte hingegen wird frustriert, unzufrieden und schwer zugänglich sein, weil sie das Projekt ihrer Eltern als eine Attacke auf ihre Autonomie erfahren. Darum ist es für dich als Vater sehr wichtig, mit deinen Ängsten und/oder deinen Vorstellungen, die Zukunft betreffend, umgehen zu lernen, ohne dein Kind damit zu belasten, sonst wirst du in dieselbe Situation geraten wie jener Polizist, dessen Kinder Kriminelle geworden sind, oder jener strengreligiöse Vater, dessen Kinder sich von Gott abgewendet haben. Dies passiert immer dann, wenn der Vater ausschließlich die Performance seiner Kinder und nicht ihr Dasein in den Mittelpunkt rückt.

Wenn lauter Ängste die Beziehung zu deinen Kindern beherrschen, solltest du professionelle Hilfe suchen – nicht nur um den großen Schaden, den du im Leben deiner Kinder anrichtest, zu verhindern oder zu vermindern, sondern auch um deiner selbst willen: Du nimmst dir selbst die Freude an deinem Kind und wirst das Zusammensein mit ihm nie genießen können. Die besondere und phantasievolle Art, wie sich Kinder zu erwachsenen Menschen entwickeln, wird dir entgehen, wenn allein deine blinden Ambitionen im Vordergrund stehen.

Wenn es so weit kommt, dass die Angst sich sogar in deiner Stimme oder in Gestik und Mimik niederschlägt, musst du damit rechnen, dass dein Kind dies als ein Zeichen des Misstrauens ihm gegenüber interpretiert. Was dein Kind am meisten von dir als Vater braucht – erstens, dass du es genießt, wie es ist, und zweitens, dass du ihm dein Vertrauen schenkst –, wird es nicht bekommen. Um ein gesundes Selbstwertgefühl und Selbstvertrauen zu entwickeln, ist aber beides unerlässlich.

Ich rate dir nicht, dass du die weit verbreitete Richtung der »don't worry, be happy«-Haltung einschlägst, mein Rat lautet vielmehr: Sei besorgt oder ängstlich, wenn dein Kind sich tatsächlich in einer gefährlichen Situation befindet, aber höre auf damit, wenn die Gefahr vorbei ist. Versuche dein Handeln auf Realitäten und nicht auf Schimären zu gründen!

Ängste haben oft ihre Wurzeln in der eigenen Geschichte – wenn das der Fall ist, rate ich dir, mit deiner Partnerin darüber zu sprechen, statt dein Kind damit zu belasten. Kinder sind für Erwachsene meist eine große Herausforderung: Dass sie unsere Grenzen überschreiten und Begrenzungen hinter sich lassen, dass sie stets unsere innere Abwehr bekämpfen, ist nicht wenig und führt dazu, dass wir uns als Erwachsene gezwungen sehen, uns mit Erlebnissen und Emotionen aus unserer Kindheit zu konfrontieren.

Ich erinnere mich an einen Vater, der mich aufsuchte, weil sein vierjähriger Sohn ihn konstant auf die Palme brachte. Wenn sein Sohn frustriert war oder losheulte, irritierte ihn das so sehr, dass er anfing zu brüllen, um den Sohn zu »beruhigen«, doch das Gegenteil trat jedes Mal ein. Als dieser Vater den Weg in seine eigene Kindheit wagte, erinnerte er sich plötzlich, wie er sich selbst, nach dem Selbstmord seines Vaters wegen Steuerhinterziehung, niemals erlaubt hatte, zu weinen. Seine Scham war größer als das Bedürfnis, den Tod des Vaters zu beweinen. Als es ihm gelang, über den Tod seines Vaters richtig zu weinen, war auch das Problem mit seinem Sohn verschwunden.

Das »Erziehungswerk« von Lehrern, Eltern, Großeltern und Verwandten geht nicht spurlos an uns vorüber – und nicht alle »Spuren« sind positiv. In vielen Familien und überhaupt in vielen Kulturen erzog man Jungen zu tapferen Männern, die keine Angst und keine Schmerzen zeigen durften. Wenn du also merkst, dass du als Vater in manchen Situationen überreagierst und du immer wieder außer dir bist, brüllst und schreist, oder aber du dich als übertrieben fürsorglich erfährst, könnten die Gründe dafür in deiner eigenen Geschichte zu finden sein. Die Suche nach diesen Gründen lohnt sich – vielleicht erscheint sie dir nicht besonders »maskulin«, aber väterlich ist sie allemal, das kann ich dir versichern. Von dem Mut, dich selbst anzuschauen, profitieren nicht nur deine Kinder, auch eine stets von männlicher Macht beherrschte, sich wandelnde Gesellschaft braucht auf allen Ebenen Menschen, die die Fähigkeit zur Selbstreflexion haben.

Der Bonusvater

Heutzutage erfahren sich sehr viele Väter als *Bonus*väter – so nenne ich Stiefväter. *Bonus*vater zu sein, unterscheidet sich erheblich vom Vatersein. Wenn du es bereits erlebt hast, dass ein drei-, sieben- oder vierzehnjähriger Junge dich mit einer Mischung aus Wut und Angst in seinen Augen anschaut und sagt: »Du bist nicht mein echter Vater!«, dann wirst du wissen, wie provozierend und schmerzhaft dies sein kann. Die Reaktion des Kindes oder Jugendlichen hat jedoch eine tiefere Bedeutung. Und wenn man sie übersetzen will, heißt sie kurz und knapp: »Du darfst mich nicht erziehen!«

Erziehung ist Manipulation: Wenn du ein Kind erziehst, dann manipulierst du sehr tiefe Schichten seiner Existenz. Es ist also verständlich, dass Kinder diese Erziehungsaktion nur in Verbindung mit Frauen und Männern erlauben, die sie lieben und in die sie vollkommenes Vertrauen haben. Um als *Bonus*vater ein solches Liebes- und Vertrauensverhältnis zu *Bonus*kindern ab dem zweiten Lebensjahr bis zur Pubertät zu entwickeln, musst du mit drei bis fünf Jahren rechnen. Zudem musst du Folgendes beachten: Willst du ein *Bonus*kind gewinnen, muss du dessen Mutter, deine Partnerin, gut behandeln, sonst wird dich das Kind nicht akzeptieren. Diese Tatsache steht manchmal im Widerstreit mit dem Bedürfnis der Frauen, ihre Partner mögen Verantwortung tragen, sowie mit der Tendenz vieler Männer, die Führungsrolle in der Familie übernehmen zu wollen.

Es gibt aber auch Ausnahmefälle, in denen die Chemie zwischen *Bonus*kindern und *Bonus*vätern sofort stimmt, sodass die Kinder den neuen Mann im Leben ihrer Mutter auf Anhieb als Erzieher akzeptieren. Diese Tatsache bringt für *Bonus*väter und *Bonus*mütter eine interessante Möglichkeit mit sich: Sie können herausfinden, wie sich zu Kindern eine Beziehung entwickeln lässt, die auf gegenseitigen Respekt und gegenseitiges Verständnis gegründet ist, ohne die Rolle des Vaters oder der Mutter zu spielen. Die Herausforderung, die daraus erwächst, ist, dass du als *Bonus*vater lernen musst, in einen Dialog mit deinem *Bonus*kind zu treten, indem du ohne Korrekturen, Kritik und Strafe auskommst.

Ein weit verbreitetes Beispiel: Dein *Bonus*sohn sitzt am Esstisch und spritzt mit seinem Löffel den ganzen Tisch voll. Traditionell reagieren Eltern auf dieses Verhalten, indem sie es korrigieren und ihn bitten, anständig zu essen; sie zeigen ihm meist auch, wie man isst, ohne alles zu bekleckern. Diese Methode ist selten von Erfolg gekrönt, trotzdem wiederholen die Eltern dies aus einem unverständlichen Grund Generation für Generation. Als *Bonus*vater hast du in einer solchen Situation die Möglichkeit zu schmieden, wenn das Eisen kalt ist: Irgendwann, nach dem Essen, am selben Abend oder nächsten Tag, in einem ruhigen Augenblick, wenn du mit deinem *Bonus*sohn zusammen auf dem Sofa sitzt, kannst du ihm Folgendes sagen: »Ich möchte mit dir über etwas Wichtiges sprechen. Für dich ist es vielleicht nicht so wichtig, aber für mich schon. Manchmal, wenn wir zusammen essen, stört es mich sehr, wenn du die ganze Zeit mit deinem Löffel herumspielst. Wenn dies passiert, kann ich mein Essen nicht wirklich genießen. Könntest du dir vorstellen, damit um meinetwillen aufzuhören?« Wenn du ihm diese Worte sagst, sei nicht süßlich, sondern freundlich zu ihm, einfach nur freundlich. Wenn das Kind zwei bis drei

Jahre alt ist, wird es gewiss »nein« antworten. Sein »nein« kannst du aber einfach ignorieren, gib ihm fünf Sekunden, um sein »nein« zu genießen und sag dann einfach: »Ich danke dir!«

In dieser Situation geht es nicht um die Frage, etwas strikt zu verbieten oder etwas freizügig zu erlauben, es geht also nicht darum, einen bestimmten elterlichen Stil zu wählen, sondern es geht darum, eine gute zwischenmenschliche Kommunikation zu etablieren. Je öfter du solche Dialoge mit deinem *Bonus*kind führen kannst, umso schneller wird sich zwischen euch eine Vertrauensbeziehung entwickeln.

Mehr zu diesem Thema findest du in meinem Buch »*Bonus*eltern«, Kösel Verlag, Frühjahr 2011.

»Wie überzeuge ich meine Frau, dass ich ein guter Vater bin?«

Es gibt ein sehr destruktives Phänomen und zwar den sogenannten Mutterchauvinismus, der um keinen Deut besser ist als der männliche Chauvinismus. Beide sollten möglichst schnell erkannt und behoben werden.

Kein Mensch ist tagein tagaus umgänglich. Wenn wir über eine lange Zeitspanne mit jemandem zusammenleben, tauchen immer wieder Charaktereigenschaften in unserem Verhalten auf, die den anderen Menschen ärgern oder stören. Einige verschwinden nach einer gewissen Zeit und einige nicht.

Was ich Mutterchauvinismus nenne, rührt aus der tiefen Überzeugung einer Frau, dass sie als Mutter immer weiß, was am besten für ihr Kind ist. Wie sie dann diese Überzeugung ausdrückt und lebt, hängt sehr von ihrem Temperament ab, aber auch von ihrer Beziehung zu dir als Mann und Vater. Einige Mütter sind kritisch, aggressiv und zickig, andere sanft, einfühlsam und verständnisvoll. Zwischen diesen Extremen gibt es viele Schattierungen.

Es kann durchaus sein, dass sich deine Partnerin gar nicht als so perfekt betrachtet, sondern sich immer wieder auf ein Expertenbuch bezieht, wenn es um euer Kind geht. Trotzdem schafft sie dadurch eine Distanz zwischen euch, was in der Folge dazu führt, dass du dich dauernd als unzulänglich und unfähig empfindest. Deshalb halte ich den Mutterchauvinismus für äußerst destruktiv – er unterbindet den natürlichen Lernprozess zwischen dir und deinem Kind.

Das Allerwichtigste, was du dir zum Thema »Mutterchauvinismus« merken solltest: Du kannst ihn nicht beseitigen, indem du dich beklagst oder jammerst, darüber diskutierst oder sogar streitest. Das Einzige, was du machen kannst, ist deiner Frau freundlich mitzuteilen, dass dich ihr Verhalten ärgert, weil es nichts anderes vermittelt als: »Du machst nichts richtig!« Sag ihr, dass du keine Beziehung zu deinem Kind entwickeln kannst, wenn sie dich im Hintergrund die ganze Zeit maßregelt. Bitte sie darum, damit aufzuhören. Wenn sie daraufhin anfängt, sich in langen Argumentationsketten zu verstricken, um dir ihr Verhalten zu erklären, oder wenn sie dir einen Vortrag darüber hält, was für euer Kind gut ist, heißt das, dass sie dir gar nicht aufmerksam zugehört hat. Sie will dir ihre Überlegenheit beweisen und ist dabei nur mit sich selbst und ihrer Funktion als Mutter beschäftigt. Aber auch darüber solltest du dich nicht beklagen oder mit ihr streiten, sondern als Nächstes sie wieder einfach nur bitten, mit ihrem Vortrag aufzuhören. Wenn sie nicht innehält und weiter auf dich einredet, ignorier sie oder verlass den Raum oder die Wohnung. Vergiss aber nicht, euer Kind mitzunehmen! Diese Reaktion vermittelt die Botschaft, dass du dich wie ein Partner und Mann verhältst und nicht wie ein beleidigter oder schmollender kleiner Junge. Für deine Integrität als Mann und Vater solltest du immer einstehen, auch wenn deine Frau auf deine Versuche verärgert reagiert. Sie wird es überleben – und wenn sie dann zu einem späteren Zeitpunkt bereit ist, einen ernsten Dialog zu führen, mach ihr klar, dass ihr Rat willkommen ist und du ihn anerkennst, aber nur wenn sie so freundlich ist, dich vorher zu fragen, ob du ihren Rat brauchst. Auf diese Weise kann sie bestimmt sehr wertvoll für dich und dein Kind sein,– nur muss sie sich irgendwann im Klaren sein, dass sie mit maßregelnden Interventionen in einem besserwisserischen Ton nichts erreicht.

Sollte sie auch nach diesem weiteren Schritt nicht imstande sein, dich ernst zu nehmen und ihr Verhalten zu ändern, dann gibt es eine wichtige Frage, die sie dir beantworten sollte: »Hast du Vertrauen in mich als Vater?« Wenn ihre Antwort mit den Worten »Ja, aber …« beginnt, hat sie möglicherweise gute Gründe, dir nicht vollends zu vertrauen, dann muss genau dieser Punkt Thema eures Gesprächs sein und nicht allgemeine Verhaltensregel darüber, was man mit dem Kind macht oder nicht, was gut ist oder schlecht.

Zum Beispiel, wenn dein Temperament einige Male mit dir durchgegangen ist und du dein Kind geschlagen hast, dann ist ihr Mangel an Vertrauen berechtigt und es liegt in deiner Verantwortung, auf deine Partnerin zuzugehen und um ihren Rat zu bitten. Sie kann dir dann vielleicht wirklich weiterhelfen und du weißt, was du zu tun hast, wenn du dich mit deinem Kind wieder in einer Situation befindest, in der du dich ohnmächtig fühlst – denn das sind meist die Situationen, die zu Gewaltanwendung führen.

Die Haltung der Überlegenheit, die deine Partnerin an den Tag legt, kann viele Gründe haben – auch den, dass sie sich selbst unsicher und inkompetent fühlt. Im Falle des Mutterchauvinismus hinterfragen wir nicht ihre Qualitäten und Kompetenzen als Mutter, sondern nur ihre Qualitäten und Kompetenzen als Partnerin.

Es gibt kein Geheimrezept dafür, wie man seine Partnerin überzeugt, dass man ein guter Vater ist – genauso, wie es keine gibt, um sie zu überzeugen, dass man ein guter Liebhaber ist. So etwas lässt sich nur erfahren. Wenn deine Partnerin nach zwei-drei Jahren noch immer nicht überzeugt ist, dass du ein guter Vater bist, dann gibt es dafür zwei Erklärungen. Zum einen kann es sein, dass du wirklich kein guter Vater bist – zig Eltern behaupten schließlich, sie seien die besten Eltern der Welt, sind aber furchtbare Eltern. Wenn also deine Partnerin meint, du seist nicht der beste Vater der Welt, musst du unbedingt in Erfahrung bringen, auf welchen Beurteilungskriterien ihre Aussage beruht, und versuch dann, in dich hineinzuhorchen und für dich selbst zu entscheiden, ob sie recht hat oder nicht. Zum anderen kann es sein, dass deine Partnerin ein mentales Bild von dem, was ein guter Vater ist, mit sich herumschleppt, eine Vorstellung, mit der sie dich dauernd vergleicht und dich aus diesem Grund als unzulänglich empfindet. In diesem Fall müsst ihr euch zusammensetzen und ernsthaft miteinander sprechen, du wirst ihr helfen müssen, Abschied zu nehmen von diesem Phantasie-Vater, um dem realen Vater, der du bist, eine Chance zu geben und ihn willkommen zu heißen.

Es gibt natürlich auch noch eine dritte Erklärung, die ich allerdings schon angedeutet habe: Deine Partnerin verhält sich aggressiv dir gegenüber, weil sie sich als Mutter unsicher fühlt und zerfressen von Selbstkritik und Schuldgefühlen ist, ohne sich dessen bewusst zu sein. In diesem Fall wird sie in sich selbst tief graben müssen, um diesen unbewussten inneren Konflikt zu lösen – und du kannst ihr möglicherweise beistehen.

Wenn es um Menschen geht, die uns am Herzen liegen, zum Beispiel: um unsere Kinder, gibt es zwischen Vater und Mutter, zwischen Mann und Frau häufig unterschiedliche Meinungen. Aber – und das will ich ausdrücklich noch einmal betonen – es ist für jedes Kind ein großer Vorteil, mit zwei Menschen, Vater und Mutter, zusammenzuleben, die unterschiedlich und nicht in allem völlig gleichgeschaltet sind. Streitet euch nicht über eure unterschiedlichen Ansichten, genießt sie lieber!

Ein zwölfjähriges Mädchen hörte in einer therapeutischen Sitzung aufmerksam zu, wie sich ihre Mutter über die ständige Abwesenheit des Vaters beklagte. Als ich sie dann fragte, wie sie selbst ihren Vater erlebt hat, sagte sie: »Meine Mutter ist immer bereit mit mir zu reden, aber sie vergisst manchmal, mir zuzuhören. Mein Vater ist nicht immer anwesend, aber wenn ich ihn brauche, dann hört er mir zu. Meine Mutter gibt mir viele Ratschläge, mein Vater tut dies gar nicht. Ich denke, ich bin ein glücklicher Mensch: Ich habe eine Mutter, die immer bereit ist, mit mir zu reden, und einen Vater, der mich versteht.«

Was bedeutet dir dein Kind?

Zur Bedeutung ihres Kindes oder ihrer Kinder äußerten sich Väter wie folgt:

»Meine Kinder sind für mich Geschenke Gottes, kleine Engel oder Boten, die mir etwas von der Göttlichkeit zeigen. Gleichsam sind sie ein Spiegel, in dem ich mich selbst sehe und erfahre. Ein Kind ist für mich wie eine wunderschöne Gebirgslandschaft. Ich darf mich darüber freuen, staunen ob der Schönheit und Unbegreiflichkeit der Natur, ich darf die Gebirgslandschaft auch gestalten, aber immer ist mir eines klar: Die Gebirgslandschaft ist Schöpfung Gottes (Natur), sie ist mir anvertraut, nicht mein Besitz, nicht mein Statussymbol, nicht mein Eigentum.«

»Das personifizierte Glück und das Beste, was mir bisher passiert ist.«

»In der Paarbeziehung habe ich resigniert – ich erwarte da nichts mehr, trotzdem will ich für meine Kinder immer da sein. Sie sind der Sinn und Zweck meines restlichen Lebens.«

»Meinen ersten Sohn bezeichne ich immer als den wichtigsten Menschen in meinem Leben. Ich habe ihm wohl einen Großteil meines heutigen Lebens zu verdanken. Durch seine Geburt hat mein Leben eine völlig andere Richtung und Ernsthaftigkeit bekommen. Er ist heute noch mein wichtigster Kritiker und damit ein wichtiger Hinweisgeber, wo ich im Umgang mit Menschen meine Macken habe. (...)

Mein zweiter Sohn ist für mich mein »Sonnenschein«. Unsere Beziehung ist wohl die stärkste Bindung, die ich bis jetzt in meinem Leben erfahren durfte. Sein ganzes Wesen macht mir die Beziehung zu ihm sehr leicht und wir können uns mit Leichtigkeit unsere Liebe zeigen und miteinander teilen.

Meinen dritten Sohn bezeichne ich als meinen »Glücksstern«. Er ist für mich täglich eine Herausforderung: Da er ziemlich häufig seiner Wut und seinem Frust Ausdruck verleiht, bringt er mich immer wieder an meine Grenzen. Ich weiß dann manchmal nicht, wie ich ruhig bleiben kann, wenn in mir die Wut aufsteigt.«

»Alles.«

»Durch meine Kinder bin ich zu dem Vater geworden, der ich heute bin. Es gab lange Zeit eine Diskrepanz zwischen dem, der ich war, und dem, der ich sein wollte.«

»Ein einzigartiges unfassbares, unbegreifbares Wunder. Nur schade, dass viele Menschen nicht an Wunder glauben. Ich habe selbst am eigenen Leib ein Wunder erleben dürfen und nun noch mal durch meine Tochter. »

»Meine Kinder sind meine größte Freude im Leben – aber auch die größte Herausforderung …«

Wie man auf den ersten Blick erkennen kann, sind die Aussagen der Väter bezüglich der Bedeutung ihres Kindes oder ihrer Kinder in ihrem Leben extrem positiv und manchmal sogar etwas romantisch. Man begegnet häufig Vätern, die es bereuen, Kinder in die Welt gesetzt zu haben, aber genauso häufig stößt man auf Väter, die nicht genug davon haben.

Der Vater zu werden, der du gerne sein möchtest, erfordert möglicherweise sehr viel mehr Zeit, Flexibilität und Selbstreflexion, als du ursprünglich dachtest. Wenn du dich selbst finden möchtest, versuche dir nichts vorzumachen. Versuche nicht deine Partnerin oder dein Kind zu beschuldigen, wenn du mit dir nicht klar kommst.

Wenn du dieses Buch bis zu dieser Zeile gelesen hast, nehme ich an, dass du gewiss zu den Vätern gehörst, die bereit sind, sich weiterzuentwickeln – oder zumindest neue Wege zur persönlichen Entfaltung als Mann und Vater entdecken und für sich erschließen wollen. Wenn das der Fall ist, dann wird dich nicht nur die Vaterschaft als solche mit einem Bündel von Herausforderungen versehen, sondern du wirst rasch merken, dass jedes einzelne Kind eine ganz spezielle Herausforderung darstellt.

Kinder haben das ganz besondere, unbewusste Talent, den Finger auf Wunden zu legen. Und oft ist es so, dass das Kind, das sich im Umgang mit dir als das schwierigste Kind erweist, sich für dich auch als das Wertvollste herausstellt – das heißt: Es wird dein wichtigster Erzieher. Dasselbe gilt für Paare! Also halte nicht Ausschau nach Partnerinnen, die dir die wenigsten Schwierigkeiten bereiten, sondern nach jenen, die dir die »richtigen« Schwierigkeiten auferlegen, das heißt: die Schwierigkeiten, die du am meisten brauchst, um dich weiterzuentwickeln.

In diesem Zusammenhang müssen wir uns auch die Frage stellen, was ein guter Vater aus der Perspektive eines Kindes ist. Dazu möchte ich eine kurze Geschichte erzählen: Der siebzehnjährige Sohn eines Freundes von mir teilte mir mal Folgendes über seinen Vater mit, gleich nachdem dieser Freund gestorben war: »In meinen ersten vier Schuljahren war ich immer sehr viel größer als meine Klassenkameraden. Immer wieder, wenn ich mich mit Jungs stritt, kam es zu Schlägereien – und ich wusste nie, wie ich diese Schlägereien hätte vermeiden können, also dass ich nur streite, aber nicht zuschlage. Jedes Mal haben die Lehrer meine Eltern per Telefon oder Brief informiert. Ich bin meinem Vater sehr dankbar, wie er sich in dieser Situation verhalten hat: Er kam in mein Kinderzimmer, fragte mich, was eigentlich geschehen sei, und umarmte mich, als ich meine Geschichte zu Ende erzählt hatte. Er hat mich wirklich geliebt – er hat mich nie gemaßregelt, nie beschuldigt und auf diese Weise konnte sich in mir eine innere Kraft entwickeln, Schlägereien aus dem Weg zu gehen.«

Der Vater dieses Jugendlichen war in der Lage, das Dilemma seines Sohnes zu erkennen, und klug genug zu wissen: Sein Sohn wird einen eigenen Weg finden, um in Streitereien nicht mehr mit Gewalt zu reagieren, wenn er von seinen Eltern die nötige Unterstützung bekommt. Der Vater hat seine Zeit nicht damit vergeudet, das Verhalten seines Sohnes zu verteidigen oder zu verdammen. Der Junge hatte sich ja bereits genug Kritik und Anschuldigung seitens seiner Lehrer anhören müssen; seine Mutter, die in großer Sorge war, hatte ihn auch schon oft genug gebeten, mit den Schlägereien aufzuhören – und statt nun dieselbe Platte aufzulegen, entschied sich der Vater, einfach für seinen Sohn da zu sein, bis dieser eine eigene Lösung gefunden hat. Diese Haltung ist vielleicht nicht die gängige, nicht die, die von der Gesellschaft von einem Vater gemeinhin erwartet wird. Aber es ist die Haltung, die Kinder brauchen.

Dieser Vater war wie wir alle gegen Gewaltanwendung eingestellt. Aber er hat einen sehr viel konstruktiveren Weg gewählt, um sein Ziel zu erreichen. Für mich ist dies das beste Beispiel eines Mannes, der Vater *ist* und nicht aus der *Rolle* eines Vaters heraus agiert.

Du könntest dich nun fragen, wieso dieser Vater seinem Sohn nicht explizit gesagt hat, dass das Anwenden physischer Gewalt nicht in Ordnung ist – das ist genau das, wozu sich die meisten Eltern verpflichtet fühlen. Die Antwort ist: Dieser Vater war ein kluger Mann, er wusste, dass sein Sohn dies bereits weiß – seit er drei Jahre alt ist –, dass Gewaltanwendung nicht gut ist. Indem er dies wiederholt hätte,

hätte er dem Sohn lediglich vermittelt, dass er zu dumm ist, um sich das endlich einzuprägen und das hätte genau das Gegenteil bewirkt: Er wäre noch aggressiver geworden. Also hat der Vater ihn umarmt.

Im Umgang mit physischer Gewalt gibt es einen großen Unterschied zwischen Männern und Frauen. Frauen haben die Tendenz zu behaupten, dass physische Auseinandersetzungen nicht nötig und sogar destruktiv seien. Männer und Väter hingegen wissen, dass physische Auseinandersetzungen im Zusammensein mit anderen Jungs dazugehören. Dieses »Problem« taucht meist in Familien auf, in denen es zwei oder drei Jungen gibt. Dass die Jungs mehrere Male am Tag und mehrere Tage hintereinander streiten und miteinander ringen, um ihre Hierarchie zu etablieren, ist für viele Frauen unbegreiflich, während es Männern ganz selbstverständlich erscheint.

Ich stimme damit überein, dass in physischen Auseinandersetzungen nie jemand ernsthaft verletzt werden darf, doch kann ich mich mit dem Anspruch nicht anfreunden, dass Kinder fähig sein sollten, ihre Konflikte auf einem intellektuellen Niveau zu bewältigen, wenn sie noch keine zehn oder zwölf Jahre alt sind – das ist eine pädagogische Illusion der Postmoderne, die aber leider von vielen gehegt und gepflegt wird, sodass viele Jungen sich sehr unwohl in ihrer Haut fühlen, was dann erst recht zu Gewalt führt.

Was für beide Seiten, für Eltern wie für Kinder, besser wäre: Wenn Eltern es aufgeben würden zu moralisieren, um stattdessen mit mehr Energie dafür Sorge zu tragen, dass sich ihre Kinder wohlfühlen und nicht dauernd Schuldgefühle entwickeln.

Und so sieht es in der Praxis aus: 13 Väter berichten

Einer von den Vätern, die wir für dieses Buch interviewt haben, wünscht sich, dass die Welt doch endlich erfahren möge, »wie toll die Väter von heute sind«. Das wünschen wir uns auch, weshalb wir Männer, die in ganz unterschiedlichen »Vaterschaftskonstallationen« leben, in diesem Abschlusskapitel zu Wort kommen lassen. Nichts legt überzeugender dar, wie differenziert Männer und Väter heute denken, als ihre eigenen Aussagen. Ihre facettenreichen Fragestellungen hoffen wir, größtenteils mit diesem Buch beantwortet zu haben.

Jürgen

49 Jahre alt, Vater einer 15 Jahre alten Tochter aus erster Ehe, die bei der Mutter lebt und jedes zweite Wochenende bei ihm ist. Er lebt als Vater eines bald zwei Jahre alten Sohnes mit seiner neuen Partnerin zusammen.

Bedeutung des Vaterseins

Ich habe mich bei beiden meiner Kinder ganz bewusst entschieden, Vater zu werden. Ich mag Kinder, nutze jede Chance, mit ihnen Zeit zu verbringen, liebe es, sie aufwachsen und immer selbstständiger werden zu sehen. Ich sehe meine Rolle als Vorbild und ganz stark mit dem Auftrag verbunden, dass die Kinder selbstständig, alltagstauglich und (auch von mir) unabhängig werden. Beim ersten Kind (1994) habe ich noch studiert, meine Frau ging halbtags arbeiten. Ich konnte mir die Zeit relativ gut einteilen und habe mich viel alleine um die Tochter gekümmert.

Meine Schwierigkeiten und Ängste

Meine große Schwierigkeit damals war, dass im Haus und in unmittelbarer Nachbarschaft keine anderen Familien lebten. Auf den Spielplätzen waren vorwiegend Mütter mit ihren Kindern. Es fiel mir sehr schwer, mit ihnen Kontakt aufzunehmen und mich auf Gespräche einzulassen. Väter waren auf den Spielplätzen selten mit ihren Kindern. Ich kam mir recht isoliert und alleingelassen vor. Beim zweiten Kind (2008), nach der Scheidung von der ersten Frau, stellte ich mein ganzes Leben um. Ich war mit der Facharztausbildung fertig, beendete die Tätigkeit als Oberarzt in einem Krankenhaus, nahm vier Monate bezahlte Elternzeit und ließ mich dann in eigener Praxis nieder. Da meine Frau als Sicherstellungsassistentin in meiner Praxis mitarbeiten konnte, blieb mir viel Zeit für die Betreuung des kleinen Sohnes. Vor der Geburt des Sohnes quälte mich außerdem die Frage, ob ich überhaupt mit einem Sohn zurechtkomme. Vor der Geburt der Tochter hatte ich mich das nie gefragt. Nach der Geburt des Sohnes hatte ich den Eindruck, dass er mir vom Temperament, dem Bewegungsdrang, der Neugier usw. sehr ähnlich ist, was vieles für mich einfacher machte als bei der Tochter. Außerdem kann ich mit der jetzigen Partnerin und Mutter des Sohnes auch viel besser über Fragen der Erziehung (im weitesten Sinne) reden. Das macht vieles noch einfacher. Hauptschwierigkeit jetzt ist die Integration der Tochter in die neue kleine Familie. Sie liebt ihren kleinen Bruder, aber meine Partnerin erschöpft der Kontakt zu meiner Tochter sehr. Wir streiten oft, wenn meine Tochter nach den regelmäßigen Wochenenden wieder nach Hause geht. Ansonsten bemerke ich ähnliche sich wiederholende Ängste. Beispielsweise, ob der Sohn zu dick ist (ist er nicht! aber trotzdem), ob er zu langsam zu sprechen beginnt; den Vergleich mit anderen Kindern in seinem Alter (und auch immer noch im Alter der Tochter) erlebe ich als absolut tödlich und ängstigend und unkonstruktiv. Aber ich kann mich diesem Vergleichsdruck kaum entziehen und fürchte allzu schnell Nachteile für meine Kinder. Bei der großen Tochter bin ich froh, dass ich mich nicht mehr um Hausaufgaben kümmern muss (weil sie bei der Mutter lebt) und sehe, dass sie sich komplett selbst organisiert, das auch ganz gut hinbekommt, und ich nicht so stark von Ängsten überwältigt werde, dass sie »dumm«, »nicht intelligent genug« usw. sein könnte. Diese Gedanken sind mir außerdem recht peinlich.

Mein eigener Vater

Mein Vater ist schon vor sehr langer Zeit gestorben. Er kennt keines seiner Enkelkinder. Manchmal erschrecke ich, wenn ich fürchte, dass ich genauso wie er meinen Kindern gegenüber reagieren könnte. Manche Dinge, z.B. seinen ewigen Rückzug, sein Ausweichen vor jeder Auseinandersetzung mit uns, kann ich inzwischen besser verstehen und entschuldigen. Gegenüber anderen Vätern erlebe ich immer eine sehr große Vorsicht, sich anzunähern, ins Plaudern zu kommen, geschweige denn Sorgen und Ängste über die Kinder usw. zu formulieren. Jeder will irgendwie cool dastehen, jeder hat irgendwie doch im Kopf: Geld verdienen und immer für die Kinder da sein muss kombiniert werden, und dann geht gar nichts anderes mehr mit Freunden. So ein nahes Zusammensein, wie ich es bei Müttern mit Kindern erlebe, vermisse ich bei Vätern mit ihren Kindern. Besonders stark habe ich den Austausch mit anderen Vätern in der Zeit vermisst, als ich mich gerade getrennt hatte, irgendwie die Treffen mit meiner Tochter organisieren musste und voller Schuldgefühle, voller Trauer und Zweifel war, ob ich eigentlich irgendetwas richtig mache im Umgang mit der Tochter. Ich würde mir von dem Buch erhoffen, ein bisschen Einblick zu bekommen, was in anderen Vätern so vor sich geht, mit welchen Problemen sie eigentlich wirklich zu kämpfen haben, was die wollen. Ob ich mit meinen Gedanken allein dastehe, ob es so etwas wie das kompetente Kind eben auch als Vater, als kompetenten Vater, gibt. Ich habe auch den Eindruck, dass in unserer Gesellschaft nur ganz selten der Blick auf Männer in der Funktion des Vaters gerichtet ist. Bei Frauen ist dies viel selbstverständlicher, dass man davon ausgeht, dass sie ganz natürlich ihre Mutterrolle erfüllen und überall beraten werden.

Günter

38 Jahre alt, Vater von drei Söhnen, sieben, fünf und drei Jahre alt. Er lebt mit seiner Ehefrau, 36 Jahre, zusammen und ist im Prozessmanagement eines Konzerns tätig. Seine Frau ist beruflich als Tagesmutter tätig und betreut bis zu vier Kinder, mit den eigenen Kindern bilden sie schon beinahe eine Großfamilie.

Bedeutung des Vaterseins

Ich habe mich bewusst entschieden, Vater zu werden. Als ich meine heutige Frau kennenlernte (ich war damals 28, sie 26), waren wir innerhalb eines Jahres fest entschlossen zu heiraten und eine Familie zu gründen. Eigentlich wollte meine Frau bis zu dem Zeitpunkt gar keine Kinder. Sie war eher auf beruflichen Erfolg und Karriere aus. Mit mir als Partner und durch unsere gelebte Partnerschaft, sagte sie, habe sich bei ihr vieles verändert. Wir haben damals nicht einfach so geheiratet, sondern sehr bewusst und aus innerer Überzeugung. Ich war selbst zu diesem Zeitpunkt in einer Unternehmensberatung tätig und fünf Tage die Woche unterwegs. Mein eigener Vater war in meiner Kindergartenzeit Wirtschaftsprüfer und ebenfalls immer unterwegs, zeitweise vierzehn Tage am Stück, einmal ein halbes Jahr in München. Wenn er da war, war er nur für mich und mein Schwester und unser Pflegekind da, aber das war selten. Mit dem »ja« zu uns beiden und dem ausdrücklichen Willen, eine Familie zu gründen, habe ich mir selbst und meiner Frau versprochen, sollte sie schwanger werden und wir ein Kind erwarten, würde ich mir eine andere Arbeitsstelle suchen. Nach der Hochzeit haben wir uns tief in die Augen gesehen und bewusst auch zum Kinderwunsch »ja« gesagt.

Ganz ehrlich, ich glaubte nicht so recht daran, denn es musste ein Eisprung mit einem Wochenende zusammenfallen, an dem ich nicht total kaputt von der anstrengenden Arbeitswoche nach Hause kam … Tja, der Fall trat im ersten Ehejahr ein! Wir waren beide vollkommen glücklich, ich superhappy und zugleich total verunsichert, alles Bekannte war auf einmal unbekannt, ungekannte Welten taten sich auf, Fragen über Fragen …

Ich bin sehr tief religiös (katholisch) verwurzelt, ich selbst behaupte von mir, ein kleiner Mystiker zu sein und auch mein Leben gleichsam aus der Spiritualität und der Erfahrung der Gegenwart Gottes zu leben. Vater zu sein hat für mich zwei Dimensionen. Kind und Vater zugleich. Vater im Sinne eines Abbildes des Vatergottes mit all seinen Dimensionen, angefangen vom strengen Gott über den guten Hirten, den Sämann, den Tröster, den Heiler, den Verzweifelten, den Einsamen, den Liebenden usw. und zugleich auch Kind sein, selbst Kind sein (in Bezug auf meinen Vater) und Kind

Gottes sein. Ich fühle mich als die ganzheitliche Geschlossenheit von Vater und Kind in der natürlichen wie übernatürlichen Dimension. Vater und Kind ist für mich eins, ich kann das eine nicht ohne das andere sein – die gleichzeitige Wirkung von Verantwortung und anvertraut sein, von Geborgenheit geben und gehalten sein, streng und konsequent sein und Freiraum lassen, Vorbild sein und sich spielerisch herumtrollen … Vater sein ist keine Rolle oder Institution, Vater sein ist für mich eine Grundhaltung. Ich bin auch in meinem Beruf als Manager und Führungskraft – Vater und Kind.

Biologisch hat Vater sein für mich noch eine weitere und geradezu unfassbare, unbegreifbare Dimension. Meine Kinder entstammen den Genen der Stammbäume von meiner Frau und mir. Ich entdecke immer wieder neue Facetten, aber auch Ähnlichkeiten.

Meine Schwierigkeiten und Ängste

Die erste große Veränderung kam nach der Bestätigung des Frauenarztes, wir bekommen ein Kind. Meine Frau erinnerte mich an mein Versprechen im Hinblick auf den Job! Gerade war ich in einem spannenden Projekt und auf dem Sprung, den nächsten Beraterlevel zu erklimmen … Ich sondierte schwerfällig den Arbeitsmarkt und fand tatsächlich eine mir auf den Leib geschneiderte Arbeitsstelle – oder die Stelle fand mich. Ich bewarb mich und bekam die Stelle. Es fügte sich so, dass ich in dem Monat, in dem unser Kind voraussichtlich zur Welt kommen sollte, auch die neue Arbeitsstelle antreten konnte und somit jeden Abend zu Hause sein konnte, einen geregelten Arbeitstag hatte usw. Damit war allerdings auch die privilegierte Stellung und Karriere als Unternehmensberater dahin. Jetzt war ich nur noch Projektleiter – im Freundeskreis, in den Augen der anderen, ein katastrophaler Abstieg. Mein damaliger Partner-Chef in der

Unternehmensberatung hat diesen Schritt bis heute nicht verstanden. Mit jeder Woche nach der Vertragsunterzeichnung und mit jedem Tag der fortdauernden Schwangerschaft war ich mir sicher: Genau das ist das Richtige.

In unserem und insbesondere meinem Freundeskreis waren wir ein Novum, noch keine dreißig und schon verheiratet (wir waren die ersten) und dann noch viel schlimmer: »Die bekommen auch noch ein Kind! Da ist euer Spaß am Leben vorbei, bevor er begonnen hat.« Die Äußerungen und Meinungen im Umfeld wirkten durchaus auf mich, dennoch war ich felsenfest davon überzeugt, dass das alles nicht so sein wird … Wissen konnte ich es nicht. Der Freundes- und Bekanntenkreis zerbrach in den folgenden zwei Jahren, gleichzeitig entstanden jedoch neue Bekannten- und Freundeskreise. Es gab eigentlich zwei Gruppen: die mit und die ohne Kinder. Gemeinsame Aktivitäten beider Gruppen – ausgeschlossen, die Lebensbereiche zu unterschiedlich. Das begann mit der Schwangerschaft und wurde immer offenkundiger. Es war für mich und meine Frau kein leichter Weg zu erleben, wie vertraute Freundschaften sich in Luft auflösen, unterschiedliche Wege gehen, die Kommunikation verhallt, es im Zeitraum der Schwangerschaft und Kleinkindphase ganz still und einsam um einen herum wird und dann neue Freundschaften mit anderen Familien wachsen. Gerade beim ersten Kind war das sehr existenziell. Der Übergang aus dem »Singeldasein« ins Dasein als »Paar mit Kind«. Die Übergangszeit hielt an bis zur Geburt unseres zweiten Kindes. Erst dann waren wir eine »Familie«. Diese vier Jahre waren eine durchaus leidvolle, manchmal einsame Zeit mit Verzweiflung, Fragen, Anfragen, keine Antworten …

Für mich als Jungvater kam ein subjektiv gefühlter Wandel hinzu: vom jugendlichen, coolen, möchte-gern-erfolgreichen, aufstrebenden, ziel- und karriereorientierten Erwachsenen zum Vater, auf die Ehefrau bezogen, dem Baby dienend, fürsorglich, zeitopfernd. Ich fühlte und erlebte mich irgendwo dazwischen – zwischen dem Klischee des Jugendlichen und des Erwachsenen. Seit dieser Zeit ist noch immer die größte Herausforderung die, Berufsleben, Vater und Ehemann sein zu vereinbaren.

Meine Ängste und Schwierigkeiten

Angst und Schwierigkeit liegt im Wesentlichen darin, niemanden enttäuschen und verlieren zu wollen! Gerade im Hinblick auf Kind, Frau, Familie (einschließlich der eigenen Eltern), Freundeskreis, berufliches Umfeld. Tatsache ist, dass sich nicht alles übereinkommend »organisieren« lässt. Für mich war es schwer zu begreifen, dass ich nicht einen Marathon unter vier Stunden laufen und gleichzeitig mit meinen Kindern täglich zusammen spielen sowie mit meiner Frau ausreichend Zeit und Ruhe für das gemeinsame Gespräch und die Hausarbeit haben kann … Zurückstehen, nicht alles schaffen ist kein Zeichen von Schwäche! Trotzdem fühlt man sich recht schnell als unfähig, nicht belastbar, als Schwächling abgestempelt. Was auch eine große Rolle spielte und erst von mir einmal gelernt werden musste, ist das Thema Neid. Die anderen Familien haben ein Haus mit Garten, wir nur eine Wohnung, die anderen haben ein tolles Familienauto – das unsrige ist tendenziell zu klein. Dieser permanente Wettbewerb im sozialen Umfeld, dieser permanente Vergleich, der kein Vergleich ist, aber als solcher erfahren wird. Das baut enormen Druck auf und belastet eine junge Familie mit Themen, die eigentlich eher nebensächlich sind.

Arbeitsaufteilung zwischen Mann und Frau

Eine gewisse Arbeitsteilung entsteht durch unsere Berufe: Meine Frau ist selbstständige Tagesmutter für das Jugendamt, ich bin im Management tätig. Grundsätzlich gilt bei uns in der Ehe die paritätische Arbeitsverteilung (50:50). Ich mache beispielsweise die Wäsche, bügle, backe unser Brot, richte das Frühstück und Abendessen mit den Kindern … Es gibt ein paar Grundsätze, an denen wir weitestgehend festhalten. Wir bemühen uns, die Arbeitsabläufe nicht zu parallelisieren, da hierdurch zu schnell ein familiäres Nebeneinander und kein Miteinander entsteht. Das ist uns sehr wichtig geworden. Das heißt, wenn ich am Abend vor dem Ins-Bett-Gehen den Jungs ein Buch vorlese, dann geht meine Frau nicht schnell in den Keller, um die Wäsche zu erledigen, sondern bleibt dabei und kuschelt mit einem der Jungs.

Im Tagesablauf gibt es Rituale, die unser gemeinsames Miteinander festigen, dazu gehören: gemeinsames Morgen- und Abendgebet, bei dem die Kinder mitbeten und zu Wort kommen mit ihren Bitten und ihrem Danken, zwei gemeinsame Mahlzeiten Frühstück und Abendessen, wobei die Kinder diese mit mir zubereiten. Ich bringe die zwei kleinen jeden Tag vor der Arbeit in den Kindergarten. Es war mir von Anfang an wichtig, die Freizeittermine meiner Kinder zu begleiten, so gehe ich mit dem großen Sohn zum Schwimmen und Keyboardunterricht, mit dem mittleren zum Schwimmen. Organisieren von Geschäftsterminen, da ist meine Sekretärin eingewiesen und unterstützt mich. Am liebsten spielen die Kinder mit mir Lego und Playmobil, wir können stundenlang im Spielzimmer auf dem Boden sitzen und bauen. Am Wochenende gibt es mindestens einen Familienausflug! In der Regel gehen wir alle zusammen am Samstagmorgen schwimmen. Am Abend nach der Arbeit versuche ich immer noch mit den Kids etwas zu unternehmen, d.h. eine Runde Fahrrad fahren, Kettcar fahren, Eis essen usw.

Im Umgang mit unseren Kindern ist es so, dass meine Frau von Natur aus eher die Konsequente und Strenge ist, ich eher der Nachgiebige bin. Sie sagt über mich, ich wäre eine einzige Ausnahme … Diese Schräglage lastet auf unserer Partnerschaft, Familie und Beziehung zu unseren Kindern. Sie streben danach, in unserem alltäglichen Verhalten diese Schräglage auszugleichen. Meine Frau hält sich manchmal in Konfliktsituationen zurück, damit ich gegen mein Bedürfnis der Strenge konsequent sein muss …

Für mich sind meine Kinder kein Anhängsel, sondern Teil unserer Familie, die genauso ihren Platz einnehmen, ja vielleicht noch einen viel zentraleren Platz einnehmen als meine persönlichen Interessen. Ich lebe ihnen meine religiöse Grundhaltung vor. Ich möchte nicht, dass meine Kinder die »Superkinder« sind, sie sollen Spaß an einem großen Spektrum Leben haben – von der Musik über Sport zum Singen, Malen, Wandern, Natur erleben usw. Wir als Familie und ich als Vater nehme meine Kinder mit auf all diese »Entdeckungsreisen«, sie dürfen ausprobieren, sie dürfen aber auch Abstand halten, etwas nicht tun.

Bedeutung der Kinder

Meine Kinder sind für mich Geschenke Gottes, kleine Engel oder Boten, die mir etwas von der Göttlichkeit zeigen. Gleichsam sind sie ein Spiegel, in dem ich mich selbst sehe und erfahre. Ein Kind ist für mich wie eine wunderschöne Gebirgslandschaft. Ich darf mich darüber freuen, staunen ob der Schönheit und Unbegreiflichkeit der Natur, ich darf die Gebirgslandschaft auch gestalten, aber immer ist mir eines klar: Die Gebirgslandschaft ist Schöpfung Gottes (Natur), sie ist mir anvertraut, nicht mein Besitz, nicht mein Statussymbol, nicht mein Eigentum.

Mein eigener Vater

An vielen Begebenheiten erkenne ich heute, warum mein Vater ist, wie er ist, ja wieso ich von ihm das eine oder andere übernommen oder vererbt bekommen habe. Heute kann ich viel verstehen, was für mich früher unbegreiflich und ein zerreißender Konflikt war. Mit Vateraugen sieht die Welt ein wenig anders aus. Ich habe in den letzten Jahren meinem Vater verzeihen können. Vieles, was mir in meiner eigenen Vater-Kind-Beziehung zuwider gelaufen ist, wurde mir auf einmal klar und erklärbar. Daraufhin hat sich das Verhältnis zu meinem Vater auf einer neuen Beziehungsebene eingependelt. Allerdings habe ich es seitdem noch nicht geschafft, mit meinem Vater über diese Themen zu reden. Für diese Dinge Worte zu finden und sie ins Gespräch einfließen zu lassen, ist sehr schwer. Mein Vater ist nun 75 Jahre, er will sein Leben und sich selbst nicht mehr ändern. Ich glaube es ist einfach gut und wichtig für mich persönlich, Versöhnung gefunden zu haben, meinem Vater Frieden schenken zu können. Während meiner Exerzitien vor ein paar Jahren habe ich Gott einfach all diese Dinge schenken können, loslassen können und so mich mit meinem Vater ausgesöhnt. Indem ich mit ihm versöhnt bin und mich ihm wieder ganz anders zugewandt habe, hat sich unsere Beziehung schlagartig verändert. Die Spannungsfelder zwischen Beruf, Familie und Partnerschaft hat mein Vater ebenfalls durchlebt – mit allen Höhen und Tiefen, er hat versucht, immer wieder alles gerade zu ziehen, es hat nicht immer funktioniert. Das kann ich, nun selbst Vater, begreifen und daraus versuchen zu lernen. Das heißt: Kognitiv gelernt habe ich sehr wohl, was nicht bedeutet, dass ich mich affektiv in der konkreten Situation richtig verhalte. Aber hier versuchen wir als Ehepaar uns gegenseitig zu helfen und aufmerksam zu machen.

Am meisten fallen mir die Extreme in meiner Umgebung auf: der Vater, der nur Karriere macht (»Ich kümmere mich um das Geld, und du – Frau – um den Rest!«), der Vater, der nur Papa ist (»Ich mache alles für meine Kinder, meine Frau kommt schon zurecht, der Job ist nur für die lebensnotwendige Existenzsicherung da.«), der Vater, der eigentlich gar keiner sein will (»Ich bin so glücklich mit dir, mein Schatz, und meinem Job, meinen Hobbys, das Kind macht das schon …«) und der immer häufiger zum Ex-Vater wird, der sich dann nach der Trennung um nichts mehr kümmert, jegliche emotionale Beziehung nicht mehr fühlt und fühlen will … Diese Extreme machen mich innerlich betrübt und traurig. Ich erlebe die süßen Kinder und Frauen und denke immer – schade.

Wenn ich mich in meinem Freundeskreis umschaue, dann haben sich in den letzten sieben Jahren tolle beständige Freundschaften mit Vätern entwickelt, die ein wenig ticken wie ich, die um das Gleiche ringen … Mittlerweile spielen wir sogar in dieser Runde am Sonntagabend um 20 Uhr Fußball, wenn die Kids schlafen. Eine »vaterlose« Gesellschaft ist ein riesiges Problem! Führungskräfte ohne väterliches oder mütterliches Ethos – eine Katastrophe, ein wirtschaftlicher Bankrott! Leider. Hier fehlt einfach die Vater-/Muttererziehung oder besser die entsprechende Erwachsenenarbeit. Es gibt so tolle Angebote von allen möglichen Institutionen, aber da, wo die Not am größten ist, wird das Angebot nicht wahrgenommen. Vielleicht weil ein Mann dies eher wieder als Schwäche sieht.

Joachim

40 Jahre alt, Vater von einem dreijährigen Jungen und einem zweijährigen Mädchen; er lebt mit seiner Frau zusammen, die vor Kurzem zurück ist in ihren Beruf und er hat sich vorgenommen, drei Jahre lang zu Hause zu bleiben.

Bedeutung des Vaterseins

Ich habe mich bewusst entschieden, drei Jahre lang auszusteigen, um den bisherigen Arbeitsbereich meiner Frau kennenzulernen. Meine Ausbildung zum Facharzt dauert dann zwar etwas länger, aber ich will keine Karriere machen, daher ist es mir egal. Ich muss aber hinzufügen, ich befinde mich in einer privilegierten Situation: Ärzte werden momentan gebraucht, das heißt: Ich steige aus dem Berufsleben nicht aus, weil man mich nicht braucht, sondern es ist meine freie Entscheidung. Von daher befinde ich mich in einer entspannten Situation: Ich kann jederzeit in die Klinik, in der ich zuletzt tätig war, zurückgehen. Meine Frau freut sich sehr, wieder in ihren Beruf als Ärztin einzusteigen, denn nach drei Jahren nur mit den Kindern fühlt sie sich intellektuell nicht ausgelastet.

Ich habe beschlossen, mir drei Jahre für die Kinder Zeit zu nehmen, nicht weil ich unbedingt den inneren Drang hatte, *Vater* zu sein, sondern es ist eher so, dass ich mich in den letzten Jahren einfach nur überflüssig gefühlt habe. Ich kam meist todmüde und genervt von der Arbeit und hatte kaum Kontakt zu den Kindern. Meine Frau war sehr oft unzufrieden, weil ich mich am Abend nicht mehr um die Kinder kümmerte. Entscheidend für diesen Entschluss war meine eigene berufliche Unzufriedenheit. Ich habe dann aber das Fach gewechselt und bin jetzt beruflich sogar sehr zufrieden. Trotzdem werde ich nun drei Jahre zu Hause bleiben – es sind jetzt erst anderthalb Wochen vergangen. Ich freue mich, endlich Kontakt zu den Kindern zu haben, *alleine* mit ihnen zu sein, denn als ich die obligatorischen zwei Monate nahm, war meine Frau die ganze Zeit da, sodass ich mich erst recht überflüssig gefühlt habe.

Meine Schwierigkeiten und Ängste

Als unser Sohn geboren war, konzentrierte sich alle Aufmerksamkeit meiner Frau auf das Baby – das war für mich sehr schwierig. Ich wurde richtig eifersüchtig. Daher ist die Beziehung zu meinem Sohn sehr angespannt, ich bin ihm gegenüber zu aggressiv und streng. Ich hatte eben das Gefühl, ich komme zu kurz und das hat mich sehr wütend gemacht. Meine Frau war sehr verzweifelt, sodass nach einem Jahr für uns beide klar war: Es muss etwas passieren. Wir haben zunächst an eine Paartherapie gedacht, doch dann habe ich eine Meditationspraxis für mich entdeckt. Darauf möchte ich gar nicht näher eingehen, vielleicht bloß erwähnen, dass es eine Meditation ist, in deren Mittelpunkt drei Fragen stehen, die sehr nahestehende Personen wie Mutter, Vater, Frau, Kinder betreffen: Was hat die Person für mich getan? Was habe ich für sie getan? Welche Schwierigkeiten habe ich ihr bereitet?

Bei der letzten Frage liegt der Schwerpunkt auf: Welche Schwierigkeiten habe ich ihr bereitet und nicht sie mir, denn das ist eh immer klar.

Ich habe dieses siebentägige Seminar zweimal gemacht. Seither hat sich der Zugang zu meinem Sohn verbessert – darüber bin ich sehr froh, denn ich hatte ja beinahe schon Tötungsgedanken ihm gegenüber, und die sind jetzt völlig weg. Trotzdem ist die Aggression nicht ganz weg.

Was mich sehr erstaunt hat, ist, wie sehr schnell man in eine klassische Rollenverteilung schlittert. Aber in den drei

Jahren, in denen ich nun zu Hause bin, möchte ich dagegen steuern.

Mein eigener Vater

Als ich selber Vater wurde, hat sich die Beziehung zu meinem eigenen Vater geändert – auch durch meine Meditationserfahrung. Er war für mich immer der minderwertigere, die Tolle war immer meine Mutter. Mein Vater hat im Grunde immer alles falsch gemacht – das war dann auch mein Männerbild: Männer sind unfähig. Nun habe ich ihn wirklich anerkannt, ich bringe ihm die Hochachtung entgegen, die er verdient. Ich habe erst jetzt die Liebe zu meinem Vater entdeckt. Seine Zuneigung zu ihm habe ich erst jetzt gespürt. Das Gefühl, mein Vater sei minderwertig, ist ebenfalls verschwunden.

Ich erinnere mich, dass in meiner Familie Aggression und Wut tabu waren, daher kann ich mich auch nur an eine »harmonische« Beziehung erinnern, obwohl sich meine Eltern getrennt haben, als ich sechs Jahre alt war. Ich habe keinen Streit mitbekommen.

Ab dem 6. Lebensjahr habe ich dann als Einzelkind mit meiner Mutter gelebt, für meine Mutter gab es bis heute keine weitere feste Partnerschaft mehr. Wir hatten einen sehr schmerzlichen Lösungsprozess, der vor ungefähr zehn Jahren begann und Wunden hinterließ. Ich hatte gar keine Erfahrungen mit Kindern in meinem familiären Kontext bis auf einen viel jüngeren Halbbruder, zu dem ich kaum Kontakt hatte. Ich war damals 18 Jahre alt, als mein Vater wieder heiratete.

Klaus

29 Jahre alt, Vater eines Sohnes (knapp ein Jahr alt), lebt zusammen mit seiner Ehefrau.

Bedeutung des Vaterseins

Meine Frau und ich haben uns bewusst dafür entschieden, Eltern zu werden. Für mich bedeutet Vater zu sein: Liebe zu geben, Verantwortung für ein junges Leben zu übernehmen und diesem Leben zu helfen, seinen Platz in der Welt zu finden. Ich habe gemerkt, dass die Vaterrolle mir ein ganz neues Lebensgefühl vermittelt. Für mich ist es so, als hätte ich eine neue Evolutionsstufe erreicht, in meiner persönlichen Entwicklung den nächsten Schritt gemacht zu haben. Und es ist ein tolles Gefühl. Wenn ich nach der Arbeit nach Hause komme und freudig empfangen werde, ist das einfach unbeschreiblich schön. Das ist es, was für mich Leben bedeutet. Das wurde mir ein paar Wochen nach der Geburt klar.

Meine Schwierigkeiten und Ängste

Die erste Veränderung war wohl der Mangel an Schlaf. Klar, der Kleine kam alle zwei Stunden und wollte Mamas Brust oder war unruhig und konnte nicht schlafen. Da ich meine Frau, so gut es geht, unterstützen wollte, hieß dies unter Umständen, unseren Sohn eine ganze Weile durchs Schlafzimmer zu tragen. Oft ist er auch auf meiner Brust eingeschlafen, nur ich war dann noch wach. Natürlich ging es meiner Frau genauso. Dazu kam, dass man nervös wurde, sobald er den Rhythmus durchbrochen hatte. Das heißt: Auf ans Bett und nachschauen, ob alles ok ist! Die ersten Wochen liefen fast überwiegend so ab. Es entwickelte sich auch eine Angst, unseren kleinen Sohn wieder zu verlieren. Dies war es letztendlich, was mich und meine Frau nachts angetrieben hat, nach ihm zu schauen und zu hören, ob er noch atmet. Als er das erste Mal krank wurde, haben meine Frau und ich uns abends in Schichten aufgeteilt, um wach zu bleiben, aus Sorge es könnte etwas passieren. Die gemeinsame Sorge um unseren Sohn war bis dahin natürlich auch noch nicht vorhanden, ist aber ein sehr starkes Gefühl, das unheimlich zusammenschweißt. Es sind auch viele kleine Veränderungen passiert. Unser bis dahin gewohnter Tagesablauf musste komplett umgestellt werden. Den Fernseher hatten wir nur an, um zu schauen, ob er überhaupt noch funktioniert. Wenn ich mit meinen Freunden unterwegs war, schaute ich ständig auf die Uhr und rechnete aus, wie viel Schlaf mir noch bleibt, wenn ich jetzt nach Hause gehe. Dann stellte ich mir die Frage, ob das ausreichend ist. Aber es reichte nicht immer…

Wir hatten unzählige Fragen im Kopf: Wie machen wir dies oder jenes? Was tun wir in einer bestimmten Situation? Also schrieben wir alle Fragen auf, um sie der Hebamme, dem Arzt zu stellen oder im Internet zu recherchieren. Leider bekommt man nicht immer eine befriedigende Antwort, was uns wiederum dazu veranlasste, unseren eigenen Weg zu gehen. Und durch unsere Absprachen und den gemeinsamen Austausch haben wir es meiner Meinung nach auch ganz gut hinbekommen.

Aus meiner Sicht gehe ich so mit meinem Kind um, wie es nach meinem Selbstverständnis eigentlich in jeder Familie der Fall ist. Nur ist es wirklich bei jeder Familie gleich? Eigentlich hatte ich gedacht, dass der Umgang mit meinem Sohn so ist, wie bei den meisten anderen Familien auch. Durch den Kontakt mit anderen Familien und Paaren mit Kindern stellte ich aber schnell fest, dass dies überhaupt nicht der Fall ist. Jede Familie hat bei vergleichbaren Problemen ihre eigene Vorgehensweise. Sie machen es nicht besser oder schlechter, einfach nur anders. Dies hat mich dann doch überrascht, aber den von mir eingeschlagenen Weg nicht beeinflusst. Ich war und bin überzeugt, dass mein Umgang mit unserem Sohn genau richtig ist für mich, für meine Frau und natürlich für unseren Sohn. Was nicht heißen soll, dass ich keine Fehler mache. Die passieren immer und überall, aber durch Fehler entwickeln wir uns ja auch weiter. Außerdem sind auch Eltern nicht perfekt. Wir wollen authentisch sein und da gehören Fehler dazu.

Arbeitsaufteilung zwischen Mann und Frau

Mit meinem Sohn versuche ich so viel Zeit wie möglich zu verbringen: spielen, Tierparks besuchen, mit dem Kinderwagen laufen und im Sandkasten buddeln. Ich versuche, eine gewisse Abwechslung in den Alltag zu bringen. Ich versuche ihm viel Zärtlichkeit und Liebe zu geben, ihn spüren zu lassen, was ich für ihn empfinde. Ich habe das Gefühl, dass sich unser Sohn wohl und geliebt bei uns fühlt, und das ist wichtig für mich und meine Frau.

Es gibt bei uns insofern eine Arbeitsteilung, dass ich berufstätig bin und meine Frau zurzeit in Elternzeit ist. Dies wird bis zum Ende der Elternzeit auch so bleiben. Das bedeutet für meine Frau, dass sie den Haushalt übernimmt und sich tagsüber überwiegend um den Kleinen kümmert. Am Wochenende oder abends, nach der Arbeit, gibt es bei uns keine Arbeitsaufteilung mehr. Die anfallenden Aktivitäten, Arbeiten usw. werden abgesprochen und verteilt: Wer was erledigt oder was gemacht wird…

Bedeutung des Kindes

Mein Sohn ist das personifizierte Glück und das Beste, was mir bisher passiert ist.

Mein eigener Vater

Seit ich nun selbst Vater bin, habe ich angefangen, über meine eigene Kindheit zu reflektieren, um mir noch mal zu verdeutlichen, wie meine Kindheit und die Beziehung zu meinem Vater war: Will ich auch so ein Vater werden? Ich habe recht schnell festgestellt, dass dies nicht der Weg ist, den ich einschlagen möchte.

Ich möchte für meinen Sohn ein guter Freund sein, der natürlich auch hin und wieder Entscheidungen treffen muss, die meinem Sohn nicht gefallen werden, dies gehört dazu. Aber ich möchte doch versuchen, viele Entscheidungen durch Absprache mit meinem Sohn gemeinsam zu treffen. Für mich ist klar, dass ich nicht den autoritären Erziehungsstil meines Vaters haben möchte. Und ich hoffe, dass mir dies auch gelingen wird.

Manchmal, wenn mein Vater mit seinem Enkel zusammen ist, erkenne ich in Äußerungen, die er zu meinem Sohn sagt, meine eigene Kindheit wieder. Was ich früher so hingenommen habe, versuche ich nun heute von meinem Sohn abzuwenden und reagiere durchaus kritisch auf die Belehrungen meines Vaters.

Wenn wir drei Generationen Männer zusammen sind, spüre ich auch einen ungemeinen Stolz auf meinem Sohn, wenn er meinen Vater zum Lachen bringt oder die beiden miteinander spielen. Es ist ein wunderbares und erhebendes Gefühl. Unterm Strich hat sich in der Beziehung zu meinem Vater aber nichts geändert, seit ich nun auch Vater bin.

Grundsätzlich denke ich über mich, dass ich ein guter, liebevoller Vater bin. Ich bin mir aber nicht sicher, ob nicht alle Väter so denken. Ich für meinen Teil versuche deshalb, ständig über mich zu reflektieren. Man schaut auch genauer hin, wenn man andere Väter sieht. Es gibt Väter, da denke ich: »Das ist aber ein toller Papa!« Und bei manchen anderen erschrecke ich über deren Verhalten. Ich glaube, dass man in einem, wenn auch unterbewussten, Konkurrenzkampf zu den anderen Vätern steht. Jeder will natürlich der Beste sein. Für sich und das Kind. Die Position des Vaters hat sich doch stark gewandelt – vom damals klassischen Familienoberhaupt zum gleichberechtigten Partner sowohl dem Kind als auch der Frau gegenüber. Die heutigen Männer setzen sich meiner Meinung nach mehr mit dem Thema Erziehung auseinander. Früher war das, was der Vater zu Hause sagte, Gesetz, auch wenn es nicht richtig war. Mittlerweile ist alles viel offener, man kann als Vater auch mal einen Fehler eingestehen, was ich aus meiner Kindheit nicht kenne: Mein Vater hat nie einen Fehler eingestanden. Ich muss sagen, dass mir die heutige Rolle des Vaters deutlich besser gefällt, weil es auch meiner Lebenseinstellung im Allgemeinen entspricht.

Erich

51 Jahre alt, Vater von zwei Jungen, zehn und sieben Jahre alt, lebt seit einem Jahr in einem kleinen Einzimmer-Apartment getrennt von seiner Partnerin, der Mutter seiner beiden Kinder, kümmert sich aber hauptsächlich um die Kinder, da seine Frau berufstätig ist und er momentan nur sporadisch arbeitet.

Bedeutung des Vaterseins

Vatersein bedeutet für mich: Fügung des Schicksals, Herausforderung zum Realitätsabgleich, für meine Kinder da zu sein, ihnen eine spirituelle Orientierungsgrundlage anzubieten.

Eine eigene Familie kam in meinem Lebensentwurf schon längst nicht mehr vor. Bei der unverhofften Schwangerschaft meiner Freundin stand die Rücksicht auf ihr Seelenheil bezüglich einer Abtreibung im Vordergrund.

Meine Schwierigkeiten und Ängste

Ich gehe in eine therapeutische Männergruppe – zehn Männer treffen sich einmal die Woche, dort bearbeite ich momentan meine beruflichen Fragen, es ist also für mich eher ein berufliches Coaching, nur selten sind meine Partnerin und die Kinder Thema. Seit anderthalb Jahren gehe ich in diese Männergruppe, sie ist sehr wichtig für mich.

Weil ich beruflich viel unterwegs war, lief mein Leben zunächst weiter wie gewohnt. Die Vorstellung von einem neuen Lebensentwurf beschränkte sich auf ein theoretisches Gedankenspiel, das kaum eine praktische Auswirkung hatte. Trotzdem war meine vermeintliche Unabhängigkeit plötzlich eingeschränkt. Ich war nicht in der Lage, mich über längere Zeiträume hingebungsvoll einem Kleinkind zu widmen.

Die Mutter meiner Söhne übte moralischen Druck auf mich aus, machte mir Schuldgefühle, um mein Funktionieren sicherzustellen. Aber nicht weil sie böswillig war, sie hat auch niemals explizit zu mir gesagt, dass es meine Pflicht sei, die Familie zu versorgen, es war eher mein eigenes Gefühl. Ich habe von Haus aus ein ausgeprägtes Verantwortungsgefühl. Vielleicht daher meine Lösung: Rückzug in ein eigenes kleines Domizil, damit meine Partnerin nicht so sehr über mich verfügen kann.

Ich hatte Ängste, der Verantwortung und den Anforderungen in der Vaterrolle nicht gerecht zu werden. Autoritäre Reflexe tauchen auf, wenn der Stress steigt oder der zeitliche Spielraum eng wird. Zum Beispiel verbiete ich den Kindern den Konsum von Süßigkeiten, die Kinder dürfen nur am Sonntag Süßes essen. Ich rege mich dann furchtbar darüber auf, wenn meine Partnerin den Kindern Eis kauft. Da fehlt mir die Gelassenheit.

Arbeitsaufteilung zwischen Mann und Frau
Ich bin für meine Söhne Veranstaltungskutscher, Reiseanimateur, Nachhilfelehrer. Ich mache Mathe, meine Partnerin Rechtschreibung und Lesen.

Bedeutung der Kinder
In der Paarbeziehung habe ich resigniert – ich erwarte da nichts mehr. Trotzdem will ich für meine Kinder immer da sein. Sie sind der Sinn und Zweck meines restlichen Lebens.

Mein eigener Vater
Ich habe mehr Verständnis für die Situation meines Vaters, er in seiner Situation mit mir, seine Hoffnungen, Erwartungen, Visionen. Ich kann ihm aber trotz allem vieles nicht verzeihen. Vieles erlebe ich auch bei anderen Vätern als Musterwiederholung.

Eberhard

39 Jahre alt, ein 17-jähriger Sohn aus vorheriger Beziehung und zwei Söhne mit seiner neuen Partnerin und Ehefrau, der eine zehn, der andere sieben Jahre alt.

Bedeutung des Vaterseins
Als Erstes fällt mir ein, wie sehr beglückt ich bin und voller Freude, wenn ich mit meinen Kindern in einem guten Kontakt bin, wenn ich eine gute Beziehung zu ihnen habe, und wie sehr es mich schmerzt, wenn ich diese Verbindung nicht habe oder nicht herstellen kann.

Vatersein bedeutet für mich:

viel glücklicher sein als ohne Kinder, Nähe und Wärme schenken, Begleiter sein, zuhören, ernst nehmen, Vorbild sein, Leidenschaft vermitteln, teilhaben lassen an meinem Leben, an dem, was mich fasziniert und begeistert, Vertrauen schenken, Anregung geben, Ermutigung aussprechen, gemeinsam Flow erleben, Werte vermitteln, Vertrauen und Zuwendung geschenkt bekommen, Kinder lachen sehen dürfen, Kinder trösten dürfen, meine Partnerschaft ernster nehmen, verantwortungsbewusster werden, tausend Aufgaben übernehmen müssen, die sich dadurch neu ergeben: ins Bett bringen, Kindergarten-Elternbeiratsvorstand sein, Feste organisieren, Schulsitzungen abhalten, Elternsprecher werden, Vorträge an Schulen halten, Lehrerarbeit, viel mehr Haushalt, Zimmer aufräumen, besondere Einkäufe, mehr spielen, Termine verschieben, dauernd die Arbeit unterbrechen, weil ein Kind etwas will, Hektik, weniger Schlaf, viel mehr Bewegung usw. Aber auch: mehr Sorgen haben, mehr Pflichten haben, mehr Verantwortung tragen, mehr Einschränkungen, mehr Kosten, mehr Dinge, die in der Wohnung, im Garten, in der Garage herumfliegen, weniger Zeit für mich, weniger Zeit für meine Frau, weniger Zeit für meine Arbeit, weniger Flexibilität, weniger Sex, weniger Ruhe, weniger Reisen.

Ich wurde mit 22 Jahren das erste Mal Vater und ich bin in diese Situation hineingeschlittert. Ich fürchtete damit, mein Leben zu ruinieren und mit der damaligen Freundin unglücklich zu werden. Es war eine harte und schwierige Zeit trotz der schönen Gefühle des Vaterseins und vieler schöner neuer Aufgaben. Aber die Verantwortung schien mich zu erdrücken. Das zweite und dritte Mal, als ich Vater wurde, war es gewünscht.

Meine Ängste und Schwierigkeiten

Ich durfte wieder spielen. Ich durfte meine Zärtlichkeit weitergeben. Ich musste Verantwortung übernehmen. Ich musste mehr Geld verdienen. Ich musste mehr Verbindlichkeiten einhalten lernen. Ich wurde öfter mit meiner Hilflosigkeit konfrontiert. Ich musste mich von der Mutter meines ersten Sohnes trennen, um mein Leben zu bewahren und ich hatte große Angst, dass ich dadurch auch den Kontakt zu meinem Sohn verliere oder sehr erschwere. Ich habe seither mehr Ängste, Ängste, dass mir etwas passiert: Ich fahre vorsichtiger Auto. Ich habe seit dem Höhenangst. Ich traue mich nicht mehr, gefährliche Dinge zu tun. Ich habe Ängste, dass den Kindern etwas passiert: wenn ich von einem Unfall oder dem Tod eines meiner Kinder träume; wenn ich unterwegs bin und plötzlich ein Unbehagen spüre; wenn sie gefährliche Dinge tun.

Ich musste nach den Geburten meiner Söhne einige Jahre auf Sexualität verzichten.

Ich verbringe oft tagsüber mit meinen Kindern so viel Zeit, dass ich dann nachts arbeiten muss. Ich hatte oft Probleme, Zeit mit meiner Frau zu finden, da wir so gut wie nie einen Babysitter hatten. Es bringt mich finanziell unter Druck.

Es kostet mich viel Zeit, dass wir Beziehungsprobleme zwischen uns Eltern so schnell klären müssen, damit die Kinder es nicht ausbaden. Ich fühle mich trotz allem manchmal ungenügend für meine Kinder (besonders für meinen großen Sohn). Ich bin viel öfter ratlos mit meinen Kindern als mit der Arbeit.

Wie finde ich eine klare, eigenständige Position gegenüber meiner Frau? Die Kinder sollen sehen können, dass Männer ihren »allwissenden« Frauen gegenüber starke Persönlichkeiten sind und sich nicht auf Machtspiele einlassen. Ich glaube viele Männer trauen sich nicht, ihren Frauen etwas entgegenzusetzen – aus Angst vor Liebesentzug. Ich selber habe das mit der Mutter meines ersten Sohnes erlebt, und es war ein Kampf – nach der Trennung –, wie ich mit meinem Sohn Zeit verbringe, wie es wird, wenn ich eine neue Frau kennenlerne und dann sogar Kinder mit ihr habe.

Was kann ich tun, wenn Kinder sehr wenig mit mir sprechen und teilen? Mein ältester Sohn ist introvertiert und teilt mir, auch wenn ich von mir erzähle oder schreibe, sehr wenig von sich mit. Er ist auch mit seiner Mutter und seinen Freunden so. Ich kann seinen Charakter akzeptieren, aber mir fehlt dann oft der Zugang zu ihm und es fällt mir sehr viel schwerer, Nähe zu ihm aufzubauen.

Wie kann ich generell damit umgehen, dass wir in der Familie alle sehr verschieden sind und dementsprechend auch der Kontakt unterschiedlich intensiv ist?

Wie schaffe ich es, wesentliche Zeit mit den Kindern zu verbringen – und trotzdem noch ein wenig Raum für mich zu wahren? Wie finde ich Zugang zu den tieferen Ebenen der Beziehung als Eltern, damit meine Kinder »echte Beziehungen« sehen und erleben können? Ich glaube, die meisten Eltern haben das nicht wirklich – echte Beziehung. Es ist eher wie eine Wohngemeinschaft.

Arbeitsaufteilung zwischen Mann und Frau

Sicherlich macht meine Frau sehr viel mehr im Haushalt, da ich beruflich den deutlich größeren Anteil abdecke. Somit hat sie mehr »alltägliche« Situationen mit den Kindern als ich. Da ich selbstständig bin, kann ich aber, wenn ich zu Hause bin, sogar mehr Zeit mit meinen Kindern verbringen als meine Frau. Ich verbringe einige Zeit mit meinen Kindern vor dem Computer, was meine Frau gar nicht macht. Ich treibe mit den Kindern mehr Sport als meine Frau. Ich mache mit ihnen mehr »verrückte« Sachen. Ich glaube, das ist immer noch das »Privileg« der Väter. Wenn ich zu Hause bin, versuche ich kontinuierlich für meine Kinder ansprechbar zu sein.

Bedeutung der Kinder

Meinen ersten Sohn bezeichne ich immer als den wichtigsten Menschen in meinem Leben. Ich habe ihm wohl einen Großteil meines heutigen Lebens zu verdanken. Durch seine Geburt hat mein Leben eine völlig andere Richtung und Ernsthaftigkeit bekommen. Er ist heute noch mein wichtigster Kritiker und damit ein wichtiger Hinweisgeber, wo ich im Umgang mit Menschen meine Macken habe. Aber ich kämpfe damit, dass er sehr introvertiert ist und ich ihn wegen der Trennung von seiner Mutter nur selten sehe.

Mein zweiter Sohn ist für mich mein »Sonnenschein«. Unsere Beziehung ist wohl die stärkste Bindung, die ich bis jetzt in meinem Leben erfahren durfte. Sein ganzes Wesen macht mir die Beziehung zu ihm sehr leicht und wir können uns mit Leichtigkeit unsere Liebe zeigen und miteinander teilen.

Meinen dritten Sohn bezeichne ich als meinen »Glücksstern«. Er ist für mich täglich eine Herausforderung: Da er ziemlich häufig seiner Wut und seinem Frust Ausdruck verleiht, bringt er mich immer wieder an meine Grenzen. Ich weiß dann manchmal nicht, wie ich ruhig bleiben kann, wenn in mir die Wut aufsteigt.

Ich stelle jeden Tag fest, dass die Kinder Spiegel von uns Eltern sind und wie gut wir miteinander in Kontakt sind. Wenn es einem von uns Eltern nicht gut geht, hat das unmittelbar Auswirkungen auf unsere Kinder.

Mein eigener Vater

Ich bin Psychologe und arbeite mit meinen Klienten viel an der Klärung der Beziehung zu den Eltern. So habe ich das mit meinen Eltern und insbesondere mit meinem Vater auch gemacht und mache es immer noch. Ich sehe im Umgang mit meinen Kindern immer wieder Situationen, in denen ich genau weiß, wie mein Vater reagieren würde (er tut es als

Großvater immer noch) und ich sehe dann meine Reaktion im Vergleich dazu. Ich denke, ich habe ein ganz anderes Verständnis von Erziehung als meine Eltern. Was ich ähnlich wie mein Vater erlebe, ist die unglaublich große Liebe, die ich für meine Kinder erlebe und die ich ihnen so oft und so gut ich kann zeige. Auch wenn alle drei eine sehr unterschiedliche Sprache sprechen, was das angeht.

Mein Vater hält sich allerdings total raus, was meine Beziehung zu meinen Kindern angeht, soweit ich ihn nicht bewusst danach frage oder von ihm wissen will, wie er das sieht. Das finde ich sehr schön. Ich sehe noch viele Väter, die sich als Autoritäten aufspielen und ihre Kinder deutlich mehr maßregeln als Mütter. Ich finde dieses Machtgehabe schrecklich und bedrohlich – ich hatte es bei meinem Vater auch als bedrohlich erlebt, wenn er laut und aggressiv mir gegenüber wurde.

Holger

28 Jahre alt, Vater von zwei Mädchen, zwei Jahre und acht Monate alt. Er lebt zusammen mit seiner Ehefrau und Mutter seiner Töchter.

Bedeutung des Vaterseins

Vatersein ist für mich eine Lebensaufgabe, denn seit dem Zeitpunkt, an dem ich mich zum Vatersein entschieden habe, sehe ich die Welt mit anderen Augen.

Ich möchte meinen Töchtern den besten Start ins Leben ermöglichen und ein Vater sein, der immer für sie da ist, sie beim Aufwachsen unterstützt, sie im täglichen Leben fördert und fordert und sich einfach viel Zeit für sie nimmt, um zu blödeln und zu kuscheln.

Arbeitsaufteilung zwischen Mann und Frau

Da meine Frau und ich uns schon während der Schwangerschaft viele Gedanken über unsere neue Aufgabe gemacht und viel darüber gesprochen hatten, konnten wir schon im Vorfeld einige Themen klären. Dadurch gab es insgesamt weniger Konfliktsituationen – aber sie blieben natürlich nicht ganz aus.

Die grundlegendste Veränderung war auf jeden Fall, dass meine »Rufbereitschaft« begann: Obwohl meine Frau die Kinder stillte, brachte ich sie in der Nacht zu ihr, spielte also »Babyshuttle« zwischen Gitterbett und Mama. Auch später durfte ich viele durchwachte Nächte mit meinen Töchtern verbringen, doch aus ihrem Lächeln schöpfte ich immer wieder neue Kraft. Es war nicht immer leicht, nach einer kurzen Nacht einem Vollzeitjob nachzukommen, doch ich wollte meine Frau in diesem Punkt unterstützen, da auch sie berufstätig war. Klar war von Anfang an, dass wir uns die Kindererziehung teilen wollen, dazu gehören auch die »unangenehmen« Seiten.

Ich versuche liebevoll, geduldig, respektvoll, unterstützend und auch bestimmt – wobei mir dieser Part am schwersten fällt – mit meinen Töchtern umzugehen. Ich bin halt auch nur ein Papa, der auf seine Kinder wahnsinnig stolz ist.

Einen Nachmittag pro Woche unternehme ich alleine etwas mit den Kindern, sei es Spielplatz, Zoo usw. In dieser Zeit hat auch meine Frau die Möglichkeit, etwas allein zu unternehmen, und ich kann meine Kinder genießen.

Auch abends teilen wir uns das Zubettbringen der Kinder, wobei ich es schaffe – und das kann ich voller Stolz sagen – beide Kinder auch alleine hinzulegen. Da hat meine Frau eher Schwierigkeiten. Insofern versuchen wir, uns gegenseitig zu ergänzen und zu unterstützen. Genauso übernehme ich alle Aufgaben, die auch meine Frau hat: Haushalt, Kinder versorgen, baden, wickeln, trösten, Einkäufe erledigen, kochen usw.

Mein eigener Vater

Ich habe über meine Beziehung zu meinem Vater nachgedacht und auch überlegt, was seine Stärken waren bzw. wodurch er es geschafft hat, mich zu dem zu erziehen, der ich heute bin, und in welcher Form er mich unterstützte. Natürlich dachte ich auch über Punkte nach, die ich anders machen würde bzw. die durch den Zeitenwandel anders gehandhabt werden. Wir hatten schon immer ein sehr inniges und offenes Verhältnis, beides hat sich zum Glück auch nicht geändert.

Mit dem zunehmenden Alter meiner Töchter merke ich, dass zum Vatersein mehr gehört als nur blödeln und immer der liebe Papa zu sein. Ich bemühe mich daher, auch mal »der Böse« zu sein. Trotzdem denke ich, dass ich sehr gelassen bin, ruhig, tolerant und auch einen guten Draht zu meinen Kindern habe.

Dank meines Jobs kann ich viel Zeit mit meinen Kindern verbringen. Eine gute Vater-Kind-Bindung von Anfang an empfinde ich als sehr wichtig, denn wieso sollten nur Mütter das Babyglück genießen? Das Baby ist ein gemeinsames Projekt, da sollten die Väter mehr eingebunden werden und bei dieser Aufgabe auch vom Arbeitgeber mehr Unterstützung erhalten.

Man erntet genug schiefe Blicke, wenn man als Vater mit zwei kleinen Kindern (evtl. davon sogar eines im Tragetuch) allein unterwegs ist. Dabei sollte es eine Selbstverständlichkeit sein.

Achim

57 Jahre alt, Vater einer 23-jährigen Tochter und eines 21-jährigen Sohnes, nach zwanzig Jahren Zusammenleben mit seiner Frau, davon zehn Jahre verheiratet, Scheidung. Er lebt jetzt allein, die neue Lebensgefährtin in ihrer eigenen Wohnung. Als der Sohn 13 wurde, zog er aus freien Stücken zu seinem Vater und später mit 20 in eine eigene Wohnung.

Bedeutung des Vaterseins

Meine Tochter war pflegeleicht, sie war so, wie man sich ein Kind wünscht. Meine Frau und ich, wir haben beide freiberuflich zu Hause gearbeitet, die Kleine hat uns nie gestört. Dann kam der Sohn – von Anfang an war er ein harter Brocken. Er hat alles auf den Kopf gestellt. »So klein und so entschieden!«, dachte ich. Ich habe mich immer gewundert: »Wie der Kleine »nein« sagen kann!« Er hat aus Überzeugung nicht mitgemacht: »Ich mach das nicht!«

Ihn zwingen und brechen, wollte ich auf keinen Fall. Ich war viel zu fasziniert von dem Kleinen. Mein eigener Vater hatte nie Widerspruch geduldet, aber so wollte ich nicht agieren. Vor meinem inneren Auge hatte ich das Bild eines verständnisvollen Vaters – so wollte ich werden, aber erstmal war ich völlig ratlos. Ich musste mich als Vater neu erfinden – ich konnte nicht einfach auf ein altes tradiertes Vaterbild zurückgreifen. Es gab kein Modell, an dem ich mich hätte orientieren können.

Als wir uns dann scheiden ließen, war meine Tochter sieben Jahre alt, der Sohn fünf. Ich nahm mir eine Wohnung in der Stadt, meine Familie blieb auf dem Land. Dreieinhalb Tage verbrachte ich allein in meiner Stadtwohnung, die restlichen dreieinhalb bei meiner Familie. Das Familienleben ging weiter – meine Tochter sagte mal einer ihrer Klassenkollegin, deren Eltern auch getrennt lebten: »Ich merke das gar nicht, dass Mama und Papa geschieden sind.«

Bedeutung der Kinder

Als mein Sohn in die Pubertät kam, ist er zu mir gezogen – das hatte teils praktische Gründe: Er hatte es näher in die Schule und konnte sich öfters mit seinen Freunden treffen, er war auf niemanden mehr angewiesen und konnte sich selbstständig bewegen. Auf dem Land war das anders.

Diese Zeit mit meinem Sohn war keine leichte, Schmerz und Hilflosigkeit waren meine Lehrer. Als mein Sohn mal wegen Alkoholvergiftung ins Krankenhaus eingeliefert wurde, habe ich mich an meine eigene Jugend erinnert gefühlt. Ich habe meinen Sohn nicht gemaßregelt, ich habe ihn einfach nur aus dem Krankenhaus abgeholt. Als er ins Auto stieg, hat er zu mir gesagt: »Das wird mir nie wieder passieren!« Und es ist ihm bis heute nie wieder passiert.

Durch meine Kinder bin ich zu dem Vater geworden, der ich heute bin. Es gab lange Zeit eine Diskrepanz zwischen dem, der ich war, und dem, der ich sein wollte. Die Kinder ticken richtig, und das Gefühl, das ich als Vater habe (Unzufriedenheit, Hilflosigkeit), das stimmt auch, damit muss ich umgehen, da muss ich ansetzen und nicht das Kind manipulieren.

Wichtig war für mich: immer für mich selbst gut zu sorgen! Wenn wir etwas für uns tun, dann geht es auch den Kindern besser! Wenn wir uns dauernd fertigmachen, geht es auch den Kindern schlecht. Wenn ich mit etwas unzufrieden bin, nehme ich die Situation in die Hand und versuche sie zu verändern, denn mir ist bewusst, dass ich allein derjenige bin, der etwas an seiner Situation verändern kann. Ich bin verantwortlich für die Situation, und wenn ich die Verantwortung übernehme, kann ich die Situation aktiv gestalten – und bin dann nicht länger Opfer, das die Schuld immer auf andere schiebt. Wenn ich diese Aufgabe nicht auf mich nehme, kann ich nichts bewirken und es bleibt alles beim Alten.

Ich bin in kritischen Situationen nie zum Therapeuten gegangen, sondern habe mich auf meine Kinder eingelassen. Ich habe sie beobachtet und habe mich selbst beobachtet. In Sachen Erziehung hilft keine Theorie. Dies bestätigt meine Erfahrung mit meinem Sohn, als er massive Schulprobleme hatte. Und diese Geschichte möchte ich unbedingt erzählen – sie könnte unter dem Titel: »Kannst du mich hören?« stehen. Über einen längeren Zeitraum hinweg wusste ich nicht, ob ich meinen Sohn überhaupt erreichte mit dem, was ich zu ihm sagte. Klar war ziemlich schnell, dass einiges ohne eine sichtbare Wirkung durch ihn hindurchging.

Unsere Tochter ist durchs Gymnasium ›getanzt‹, hat so viel gelernt, wie sie wollte, fast nie Hausaufgaben gemacht, ihren Schulranzen nach der Schule in eine Ecke geworfen und ist zum Reiten gegangen. Heute sagt sie: »Ich wäre nie so leicht durch die Schule gekommen, wenn ich nicht jeden Nachmittag mit meinen Freundinnen und den Pferden hätte sein können.« Das war das Wichtige für sie: Schule lief nebenbei. Heute studiert sie Medizin.

Wir dachten: So ähnlich wird es auch mit unserem Sohn gehen. Falsch gedacht, wie sich zeigen sollte. Er ging in denselben Kindergarten, in dieselbe Schule, aber ohne große Lust. Er nutzte jede Möglichkeit, sich dem zu entziehen, was er nicht lernen wollte. Schon in der Grundschule haben uns die Lehrer erzählt, dass er immer bei denen sei, die Streiche lieben. Sie haben es anders formuliert: »Er ist unaufmerksam, entzieht sich unseren Anweisungen, läuft umher. Redet, wenn er still sein soll. Rauft, wenn er still sein soll. Zieht sich in die Kuschelecke zurück, wenn er rechnen soll usw. Kurz, er ist nicht gehorsam.« Als ich diese Beurteilungen hörte, hat mir das zum einen Angst gemacht, denn ich kannte den Ton aus meiner eigenen Jugend, von meinen Lehrern. Dann habe ich mich gefragt, wie soll das weitergehen? (Eine dumme Frage, wie ich später gelernt habe.) Zum anderen hat es mir meinen Sohn sehr sympathisch gemacht, denn es hatte den Anschein, dass er einer war, der sich nicht unterkriegen lassen wird. Das war eine gute Nachricht für mich, denn ich wusste, diese Fähigkeit brauchst du im richtigen Leben.

Unser Sohn hat nach einem Jahr auf einer zweiten Schule, die auf den Übertritt vorbereitet, auf eine dritte weiterführende Schule gewechselt, die ebenfalls einen Eingangstest forderte. Wieder vier Wochen harte Vorbereitung während der großen Ferien… Diese Prüfung hat er mit Links bestanden und er war sich sicher, dass er diesen leichten Test auch ohne Lernen bestanden hätte. An dieser Schule war er vier lange Jahre, mit vielen Elterngesprächen, Klagen seitens der Lehrerinnen und Lehrer, und auch Lob für seine Selbstständigkeit und praktische Veranlagung. Eine Lehrerin sagte zu mir während eines Elterngesprächs: »Wissen Sie, Lernen ist nicht seine Sache, aber wenn ich mit einem Flugzeug auf einer unbewohnten Insel, fernab jeglicher Zivilisation notlanden müsste, und mir einen Schüler aussuchen könnte, der unser Überleben sichert, dann wäre er es.« Wieder einer dieser Momente, die mich darin bestärkten, unseren Sohn so zu nehmen, wie er ist, und ihn nicht so zu wünschen, wie die Schule ihn haben will. In dieser Rückschau erinnere ich mich ungern an die vielen sinnlosen Elternabende, in denen Lehrer sich Schüler wünschten, die sie nicht hatten. Lehrer müssen einen Schulstoff vermitteln, von dem mindestens die Hälfte später nie mehr gebraucht wird.

Dieser andauernde Ruch, der von der Schule herwehte: »Du bist nicht gut, so wie du bist!« kostete viel Energie, um ausgeglichen und umgekehrt zu werden. Ganz praktisch hat das bedeutet, dass meine Frau, wenn sie gekocht hat, die Kinder sehr oft mitmachen ließ, und dass ich am Wochenende, oder auch unter der Woche, mit den Kindern Baumhäuser baute. Wir haben Bäume gefällt, Garagen abgerissen, Modellflugzeuge gebaut und fliegen lassen. Ich erinnere mich noch an die Freitagnachmittage oder Samstagvormittage, als mein Sohn kam und sagte: »Mir ist soooooo langweilig!« Und wir zusammen da saßen und uns dann nach 15–30 Minuten eine wunderbare Idee einfiel: ein fliegendes Schaukelbrett zu bauen, einen Kaufladen oder eine Kletterwand.

Die abschließende externe mittlere Reifeprüfung an der privaten Schule hat unser Sohn nicht geschafft. Er hatte eine sechs in Mathe. Auf meine Frage, wie das kommen kann, sagte der Mathelehrer: »Der konnte nicht mal mehr in der mündlichen Prüfung zusammenzählen, das schafft der nie!« Ich hätte dem Lehrer dafür ins Gesicht springen können. – Gut, oder eher nicht gut. Was nun? – »Dann gehe ich auf eine staatliche Schule, bitte hilf mir, Vater, dass ich einen Platz kriege!« Gesagt, getan. Die freundliche Rektorin der staatlichen Realschule hat ihn gleich angenommen und ihn vergattert: »Du musst lernen, sonst kannst du hier den Abschluss nicht machen.« Er hat gelernt, wohl nicht genug, drei Monate später kam das Aus: »Du kannst an unserer Schule nicht bleiben – du verdirbst unseren Abschluss-Schnitt.« War eine der Aussagen, es gab noch unverschämtere, aber auch wohlwollendere. – Was nun? »Dann melde ich mich selbst zur Prüfung an, hilfst du mir dabei, Vater?« »Ja, aber nur wenn du dich hinsetzt und jeden Tag lernst. Du machst dir einen Lernplan und hältst den ein.« Bei diesem Gespräch war auch meine Tochter dabei. Die beiden sind auf sein Zimmer gegangen und haben angefangen, einen Zeitplan zu entwerfen, was er wann lernt. Die freundliche Rektorin der staatlichen Realschule hat dabei geholfen. Ein mit ihr befreundeter Rektor hat unserem Sohn die Chance zum externen Prüfungstermin zum Realschulabschluss gegeben, fünf Monate später. Er bekam die Prüfungsfächer und die Prüfungsjahre, aus denen Prüfungsstoff dran kommen würde. Dann begann sein Job.

Mein Sohn, dem es immer schwer fiel, früh aufzustehen, saß vom ersten Tag an um 8:30 in unserer Küche und hat gelernt. Tag für Tag. Er hat dann die Prüfung mit einem ›zweier Schnitt‹ geschafft. In Mathe eine Zwei. Vier Noten besser als sechs Monate zuvor.

Was war der wesentliche Unterschied? ER hat sich entschieden zu lernen, ER wollte es schaffen. Nicht mehr die Mutter, der Vater, die Lehrer, die anderen. Heute macht er eine Lehre in einem handwerklichen Beruf, die ihm Spaß macht, und ich höre von seinen Ausbildern, dass er ein respektierter Kollege mit guten handwerklichen Fähigkeiten ist. Und die Moral von der Geschicht'? Vater verzage nicht! Vertraue darauf, dass deine Kinder es schaffen. Und wisse: Sie können vieles selbst – aber nicht alleine. Sie brauchen Väter (und Mütter), die an sie glauben, wenn keiner mehr an sie glauben mag.

Georg

40 Jahre alt, Vater einer siebenjährigen Tochter. Er lebt mit seiner Ehefrau und Mutter seiner Tochter zusammen.

Bedeutung des Vaterseins

Vatersein bedeutet für mich Verantwortung zu tragen und dennoch mein Kind unabhängig werden zu lassen. Ich habe meine Frau 1995 geheiratet und 2003 kam unsere Tochter auf die Welt. Bewusster geht es glaube ich nicht. Wir haben uns sehnsüchtig ein Kind gewünscht. Warum wir keine weiteren Kinder haben, führe ich auf unsere Verplantheit zurück. Oft entschuldigen wir dies mit der Antwort, dass wir in unserem Berufsleben ausgiebig mit Kindern zu tun haben.

In der Nacht, als meine Tochter auf die Welt kam, hat sich mein Leben komplett verändert, ich bin wie im Rausch nach Hause gefahren, es war, als hätte sich ein Schalter in meinem Kopf umgelegt. Nichts war mehr wie vorher, wir hatten nun ein Kind zu versorgen und wir wollten es gut machen. Das wollen wir natürlich heute auch noch. Ich hätte es zeitweise in die Welt hinausschreien können, so glücklich war ich. Ängste erwuchsen daraus, dass mir meine Tochter in den ersten Wochen und Monaten so zerbrechlich erschien. Dennoch gelang es mir – auch aufgrund meiner Ausbildung – den Blick zu schärfen, denn bei dem so zarten Menschen handelte es sich nicht um eine Puppe, sondern um einen Menschen mit all seinen Bedürfnissen. Ich versuche meinem Kind mit Respekt zu begegnen und erwarte dies auch von meiner Tochter. Spannende Diskussionen, was Respekt so für das Gegenüber bedeutet.

Ich habe immer zu hören bekommen, dass Lehrerkinder, Pfarrerkinder und Kinder von Pädagogen besonders schlimm seien. Warum, die müssten doch eigentlich die besten Kinder haben, denn die Eltern sind doch Profis? Heute bin ich selbst Pädagoge, meine Frau auch. »Das arme Kind!«, könnte man denken. Aber getreu dem Spruch: »Kinder sind keine Fässer, die gefüllt werden sollten, sondern kleine Feuer, die entfacht werden sollten«, habe ich gerade einen kleinen Flächenbrand im Wohnzimmer, der sich mit den Hausaufgaben den Sonntag verdirbt – nämlich meine Tochter.

Ein fast traumatisches Erlebnis für mich war es, als meine Tochter nach der Schule nach Hause kam, sich vor mich stellte und mir mitteilte: »Du, Papa, ich bin nichts!« Mir hat es fast den Boden unter den Füßen weggerissen, da kommt das Wertvollste, was meine Frau und ich haben dürfen, nach Hause und ist auf einmal nichts. Was ist passiert? Meine Tochter geht auf eine kleine Dorfschule und sie ist eine gewisse Zeit lang bei uns durchs Haus gehüpft und hat für die Winterbundesjugendspiele geübt. Sie müsse fit wie ein Turnschuh werden, sagte sie ständig. Ich selbst habe auch bei den Bundesjugendspielen geholfen, und alle Kinder hatten sichtlich Spaß. Doch nun kam meine Tochter, gerade mal sechs Jahre alt, nach Hause und sagt, sie sei nichts. Nur weil auf ihrer Urkunde stand: »Ich bin fast fit.« Weitere Kategorien waren noch: »Ich bin fit.« Und das beste Zeugnis: »Ich bin fit wie ein Turnschuh.« Wie soll sich ein Vater in so einem Moment verhalten? Die Schule abbrennen? Natürlich nicht, aber was soll ich machen, wenn es Menschen wie Jesper Juul, Gerald Hüther, Reinhard Kahl und Manfred Spitzer gibt, die wunderbare Wege aufzeigen, die aber kaum jemand beschreitet.

Ich leite eine offene Kita mit einem tollen Team. Und ich wünsche mir, dass viel mehr Männer in den Elementarbereich kommen. Ich hatte immer mal davon geträumt, einen rein von Männern bestrittenen Kindergarten zu gestalten, aber das finde ich heute nicht mehr so erstrebenswert. In meinem jetzigen Team ist noch ein toller Mann. Wir sind die einzigen Männer im gesamten Stadtgebiet.

Arbeitsaufteilung zwischen Mann und Frau

Meine Frau und ich ergänzen uns prima, wir teilen uns die Aufgaben auf, wenn es irgendwie geht. Es ist nicht ganz so einfach einem Flächenbrand (meine Tochter) zu folgen, aber wir geben uns größte Mühe und haben Geduld. Ich folge meiner Tochter nach ihren Interessen bedingungslos, sofern es meine Grenzen nicht berührt. Ich begleite meine Tochter überallhin, sofern sie dies möchte und es meine Zeit erlaubt.

Bedeutung des Kindes

Sie ist ein einzigartiges unfassbares, unbegreifbares Wunder. Nur schade, dass viele Menschen nicht an Wunder glauben. Ich habe selbst am eigenen Leib ein Wunder erleben dürfen und nun noch mal durch meine Tochter.

Mein eigener Vater

Bewusst habe ich am Anfang nicht über meine Beziehung zu meinem Vater nachgedacht, bewusster wurde es dann etwas später, durch Dialoge mit meiner Frau. Mein Verhältnis zu meinem Vater war und ist eher distanziert. Dennoch fühlte ich mich schon immer irgendwie zu ihm hingezogen, und heute habe ich nur noch Kontakt zu meinem Vater. Ich würde schon mal gerne wissen, was ich für meinen Vater bin. Ich werde ihm diese Frage mal stellen.

Ich erlebe mich als einen Vater, der wie meine Frau arbeiten geht und sich weitgehend zu gleichen Teilen im Haushalt engagiert sowie bei der Betreuung unserer Tochter. Andere Väter erlebe ich auch in dieser Rolle, es sind noch nicht viele, aber es werden mehr, so empfinde ich es. Ich empfinde, dass die Position des »Vaters« heute einen ganz neuen Stellenwert bekommt, welchen vermag ich noch nicht ganz genau zu sagen, aber ein Wandel ist schon ein bisschen erkennbar. Dennoch verfolge ich auch mit Sorge, welche Rollenbilder uns die Medien vermitteln wollen, durch »Deutschland sucht den Superstar« und »Germany s next Topmodel«. Ich selbst habe eine Chefin, die verhindert hat, dass meine Stellvertretung ein Mann wird, ich fand es diskriminierend. Väter sollten sich heute emanzipieren.

Michael

43 Jahre alt, Vater einer neunzehnjährigen und einer zweijährigen Tochter. Die ältere Tochter lebt mit der Mutter ca. 1000 Kilometer von ihm entfernt; die jüngere lebt mit ihm und seiner Frau zusammen.

Bedeutung des Vaterseins

Heute bedeutet Vatersein für mich, sich bewusst zu entscheiden, eine zusätzliche Verantwortung zu übernehmen. Diese geht sowohl mit Annehmlichkeiten als auch Unannehmlichkeiten einher. Für meine erste Tochter gilt dies nicht, aber für meine zweite Tochter.

Meine Ängste und Schwierigkeiten

Eine Veränderung war, dass die alte Beziehung zur Mutter »zu Ende« gegangen ist und mit der Schwangerschaft eine neue »Dreier-Beziehung« begann. Etwas war unwiderruflich vorbei und es hat etwas Neues angefangen. Die »alte« Beziehung zur Mutter musste sich mit der Schwangerschaft/Geburt neu gestalten (auch wenn man abstreitet, dass die Paarbeziehung nun anders ist). Es war viel Freude aber auch viel Frust und Problematisches damit verbunden.

Die größten Schwierigkeiten lagen darin, dass wir uns als Paar nicht mehr wirklich wahrgenommen hatten und zu »Elterntieren« geworden sind. Dabei blieb vieles auf der Strecke, insbesondere die Sexualität. Alte Probleme, die vor der Geburt bestanden, wurden fühlbarer.

Ich habe jetzt Angst, dass die Beziehung zur Mutter meiner zweiten Tochter nicht tragfähig genug ist und zerbricht und ich es ein zweites Mal erleben muss, mit meiner Tochter nicht zusammen sein zu können (zumindest nicht in einem »gesunden« Familienverbund).

Bedeutung der Kinder

Seit der Geburt der zweiten Tochter habe ich als Selbstständiger meine Arbeitszeiten verkürzt und so verändert, dass ich meine Tochter ebenso mit erziehen kann, wie meine Frau. Meine Frau arbeitet 50 Prozent, ich ca. 70 Prozent im Vergleich zur Anzahl der Arbeitsstunden vor der Geburt. Mit der ersten Tochter baue ich gerade, nach zweieinhalb Jahren Kontaktabbruch seitens meiner Tochter, die Beziehung erst wieder neu auf. Geplant ist eine gemeinsame Städtereise nach Budapest oder Wien in diesem Sommer. Sie wohnt ca. 1000 km von mir entfernt.

Bei meiner zweiten Tochter besteht das Zusammensein hauptsächlich in der Betreuung und auch in gemeinsamen Unternehmungen wie zum Spielplatz gehen, zusammen einkaufen oder Radeltouren, Bergwanderungen mit meiner Frau zusammen, gemeinsam im Garten sein, Bücher vorlesen usw. Dabei versuche ich, nicht nur Statist, sondern wirklich anwesend zu sein.

Meine Kinder sind meine größte Freude im Leben – aber auch die größte Herausforderung, insbesondere im Zusammenhang mit der Paarbeziehung, die sich dadurch so gravierend verändert hat.

Mein eigener Vater

Es hat sich einiges in meiner Beziehung zu meinem Vater verändert: Ich habe ihn für mich zum ersten Mal bewusst kritisiert und mir sind Dinge klar geworden, unter denen ich sehr gelitten habe. Die Beziehung zu meinem Vater bzw. zu meinen Eltern ist zurzeit auf Eis.

Ich erlebe mich als einen sehr verantwortungsbewussten Vater, liebevoll, aber auch »führend« im Sinne Jesper Juuls: dass ich mich als Orientierungspunkt für meine Töchter positioniere, was nicht immer einfach für sie ist und auch nicht für mich, weil ich mir dann manchmal zu hart vorkomme. Andere Väter erlebe ich oft als zu »schwammig«, zu wenig Orientierung bietend. Das sind Väter, die noch das »alte Modell« leben, also quasi nur am Wochenende für die Kinder zu sehen sind, und dann wollen sie verständlicherweise ein »toller Vater« sein (für mich absolut nachvollziehbar).

Die Position der Väter in unserer Gesellschaft ist meines Erachtens überwiegend noch die alte. Viele Väter gehen immer noch »jagen«, indem sie das Vollzeitmodell leben und damit ihrer Verantwortung als Vater nur zu einem Teil gerecht werden können. Der Bereich der direkten Zuwendung zum Kind verbleibt meines Erachtens noch hauptsächlich in den Händen der Mutter und damit auch die Erziehung im Alltag. Natürlich erziehe ich mein Kind in gewisser Weise auch dann, wenn ich nicht überwiegende anwesend bin. Aber damit geht in der Vater-Kind-Beziehung vieles verloren bzw. ist vieles eben nicht möglich. Ich kann für mich nur sagen, dass es eines der kostbarsten Momente im Leben ist, mit seinem Kind wirklich in Kontakt zu sein. Das muss aber geübt werden. Letztendlich muss man erstmal üben, mit sich selbst in Kontakt zu kommen, dann kann man es auch mit seinen Mitmenschen und seinen Liebsten. Und diese Chance bietet eben in besonderer Weise das Eltern-werden. Kinder können im positiven Sinne als Entwicklungskatalysatoren für einen selbst und die Paarbeziehung wirken. Aber dazu muss das Paar oder auch der Einzelne erst eine Bereitschaft entwickeln.

Olaf

36 Jahre alt, Vater von zwei Kindern. Seine Frau, mit der er seit fünfzehn Jahren verheiratet ist, ist derzeit wieder schwanger.

Bedeutung des Vaterseins

Ich habe mich bewusst für die Vaterrolle entschieden. Vatersein heißt für mich eine Fortsetzung von mir selbst, eine Vereinigung und Verwirklichung der Liebe, die ich mit meiner Frau teile. Es ist ein Beweis für unsere liebevolle Union und eine Fortsetzung in die Zukunft, wenn wir selbst nicht mehr auf dieser Erde sind.

Vater zu werden wurde für mich erst Wirklichkeit, als meine erste Tochter geboren war. Davor war alles noch vage; man sieht, wie sich die eigene Frau verändert, aber für einen selber bleibt es ein abstraktes Konzept. Als meine Tochter dann da war, dachte ich: »Da bist du also, willkommen auf dieser Erde!« Und plötzlich drehte sich alles um unsere Tochter und die Welt wurde viel kleiner. Doch nach und nach konnten wir uns der Welt wieder zuwenden.

Meine Ängste und Schwierigkeiten

Meine größte Angst war und ist, dass ich nicht gut genug sein werde. Werde ich ein guter Vater sein? Werde ich meine Tochter beschützen können? Kann ich ihr genug geben? Werde ich genug Geld verdienen, um ihr eine angemessene Zukunft zu sichern? Wird sie glücklich werden, gesund sein?

Das Schwerste war für mich der Schlafentzug und meine Machtlosigkeit, wenn sie in den ersten Monaten Bauchweh und Koliken hatte. Ich konnte nichts anderes tun, als sie im Arm zu halten und für sie da zu sein, aber ich konnte ihr den Schmerz nicht wegnehmen.

Einer meiner größten Wünsche ist, ein guter Vater zu sein, den sie lieb haben wird, und ich hoffe, dass sie durch mich keine Komplexe bekommt. Es ist unglaublich frustrierend, Fehler zu machen und die nicht wiedergutmachen zu können. Ich tue mein Bestes, aber es bleibt eine Reise in ein unbekanntes Gebiet. Es ist sehr schwer, Arbeit und Familie zu kombinieren. Ich liebe meine Arbeit, Fliegen ist mein Leben – ich bin Pilot. Aber auch meine Familie ist mein Leben. Ich will erfolgreich sein, um vor allem endlich von meinen Eltern Anerkennung zu bekommen, und ich will ein perfekter Vater sein. Das größte Problem ist, dass ich mich selbst oft vernachlässige, um meine Frau und Kinder glücklich zu machen und um sie nicht zu verlieren.

Ich tue mein Bestes, um ein präsenter Vater zu sein. Ich versuche ein gutes Beispiel zu sein. Und ich will authentisch sein. Es ist mir klar, dass meine Kinder nicht das tun, was ich sage, sondern was ich tue.

Arbeitsaufteilung zwischen Mann und Frau

Ich spiele mit meinen Kindern, fahre mit ihnen Fahrrad usw. Ich liebe es, ihnen vorzulesen und zu kochen, vor allem Brot und Kuchen backe ich gerne. Ich schaue Filme mit ihnen und verreise gerne mit der Familie. Ich höre ihnen gerne zu – jetzt, wo sie mir noch alles erzählen wollen, das wird sicherlich anders werden, wenn sie größer sind.

Meine Frau erfüllt mehr Mutter- und Haushaltsdinge, ich verdiene das Geld. Ich koche gerne, aber meine Frau kocht auch gerne für mich, und so halte ich mich beim Kochen etwas zurück. Zusammen mit meiner Frau räume ich auf und mache sauber. Ich finde es wichtig, dass die Partner in einer Ehe gleichwertig sind. Allerdings bin ich wegen meiner Arbeit viel weg. Die Zeit, die ich alleine mit den Kindern verbringe, ist großartig genauso wie die Zeit, die wir als Familie teilen. Ich versuche, zumindest einen Tag nur mit der Familie zu sein, ich finde das sehr wichtig.

Bedeutung der Kinder

Meine Kinder sind meine Lust und mein Leben, sie sind ein Spiegel für mich und helfen mir, ein besserer Mensch zu werden. Ohne Kinder kann ich mich nicht weiterentwickeln. Wir sind Reisegenossen im Leben und helfen uns gegenseitig zu wachsen.

Mein eigener Vater

Die Art der Beziehung, die ich zu meinen Eltern hatte, ist mir schmerzhaft bewusst geworden und hat mir viel Trauer bereitet. Ich bin noch immer wütend über die viel zu große Verantwortung, die sie mir viel zu früh aufgebürdet haben. Die Liebe war nie bedingungslos und ist es noch immer nicht. Sie respektieren beinahe nichts in meinem Leben – weder die Wahl meines Berufes, noch die meiner Partnerin, weder unsere Erziehungsweise, noch meine Überzeugungen.

Ich finde, dass ich eigentlich ein sehr guter Vater bin, empfinde mich aber trotzdem als einen versagenden Vater. Ich habe Angst, so wie mein eigener Vater zu werden. Die meisten Männer wollen ihre freie Zeit nicht mit ihren Kindern verbringen und machen alle möglichen coolen Sachen. Ich finde mich ein wenig langweilig dafür, dass ich es nicht tue, aber ich finde es wichtiger, mit meiner Familie zu sein. Wir haben unsere Kinder nicht gefragt, ob sie geboren werden möchten, wir haben sie in die Welt gesetzt, also bin ich für sie verantwortlich. Es ist mir eine sehr große Freude, meine Kinder aufwachsen zu sehen, es gibt mir das Gefühl, ein besserer Mensch zu sein.

Die Rolle des Vaters ist auf dem Arbeitsplatz sehr unterschätzt, und es wird nicht verstanden, warum ein Mann ein anwesender Vater sein möchte oder gar eine wichtige Rolle im Leben der Kinder spielen will.

Warum ist es in unserer Gesellschaft nicht normal, sich um Familie und Kinder zu kümmern? Warum »dürfen« Väter nicht Teilzeit arbeiten, ohne dass dieser Schritt Nachteile für die Kariere mit sich bringt? Warum wird man als weniger männlich gesehen, nur weil man für seine Kinder da sein möchte? Wie wichtig ist materieller Wohlstand für die Familie? Wie viel Zeit, die man mit der Familie verbringt, ist zu viel Zeit? Ist es okay, einfach einen ruhigen Tag mit der Familie zu Hause zu sein?

Werner

41 Jahre alt, Vater von drei Kindern: eines zehnjährigen Jungen, eines achtjährigen und eines vierjährigen Mädchens. Er lebt mit seiner Frau und Mutter seiner Kinder zusammen.

Meine Ängste und Schwierigkeiten

Meine Frau und ich haben beide Betriebswirtschaft studiert und haben in derselben Firma gearbeitet. Wir haben auch beide sehr gut verdient. Als dann die Kinder kamen – ungeplant, aber wir haben es niemals bereut –, ist meine Frau wegen der Kinder aus dem Beruf ausgestiegen. Diese Rollenverteilung finde ich schlecht, aber ich sehe keine Möglichkeit, die Situation zu ändern. Die klassische Rollenverteilung nervt, ich bin damit sehr unzufrieden, denn ich habe gar nicht vor, Karriere zu machen, aber jemand muss die Familie finanziell über Wasser halten, und das bin jetzt ich.

Das System, in dem wir leben, gibt etwas vor, was Unzufriedenheit schafft – das System ist nicht ideal, die »Arbeiterei« überwiegt: Alles will »performed« werden, mit 41 muss ich beruflich voll performen, mit den Kindern voll performen – das will ich ja auch, denn sonst verpass ich ja alles: Ab dem 18. Lebensjahr sind sie womöglich schon aus dem Haus; für die Altersversorgung muss ich auch voll performen, sonst bin ich als alter Mensch überhaupt nicht versorgt usw.

Für die Kinder ist meine Frau die Ansprechpartnerin. Ich habe keine Autorität. Selbst wenn ich am Wochenende zu Hause bin, laufen die Kinder immer zur Mama. Mich fragen die Kinder nie nach meiner Meinung. Die Führung hat bei uns meine Frau, sie will sie nicht abgeben oder kann sie nicht abgeben. Doch will sie sich jetzt beruflich neu orientieren, sie wird also öfters mal Seminare an anderen Orten belegen, und ich bleibe dann einige Tage mit den drei Kindern alleine zu Hause – darauf freue ich mich sehr. Ich erhoffe mir eine engere Beziehung zu meinen Kindern und für meine Frau mehr Freiraum.

Ich hatte zwar die obligaten zwei Monate Elternzeit genommen – aber diese Auszeit hat mich nicht weitergebracht, deshalb freue ich mich jetzt sehr, wenn meine Frau im Juni fünf Tage weg ist und ich alleine mit den Kindern sein werde.

Mein eigener Vater

Die Beziehung zu meinem Vater war nie sehr eng. Es gab keine wirkliche Bindung, aber seit ich selber Vater geworden bin, verstehe ich ihn sehr viel besser: Die Last, die ich tragen muss, hat auch mein Vater tragen müssen. In unserer Familie war immer meine Mutter die Gute und spielte meist die Rolle des Opfers, während mein Vater immer der Schuldige war, der oft mit »verbaler Gewalt« in die Familie reinging.

Offene Fragen

Wie schafft man es als Vater, stärker in die Führungsrolle (»Leitwolf«) zu kommen und akzeptiert zu werden, vor allem wenn die Mutter immer anwesend und für die Kinder da ist?

Wenn sich die Eltern uneinig sind – wie bringt man Ruhe in die Situation? Man will dem Partner keine Vorwürfe machen, man hat eine Vorstellung davon, was wann wie laufen soll, aber zieht sich dann doch lieber zurück. Auch die Wut wird unterdrückt, aber mit dem Resultat, dass dann der andere wütend wird, dass man selber die Wut unterdrückt. Wie geht man damit um? Theoretisch weiß ich das zwar, dass die Wut ausgelebt werden muss, sonst staut sie sich an und irgendwann ist die Explosion sicher, aber wie gehe ich damit in meiner Familie um?

Wie versöhnt man sich wieder, wenn man Streit hatte? Meine Frau zum Beispiel will sich gleich versöhnen, ich aber brauche zunächst etwas Abstand und will erst einmal alles verdauen…

Wie kommt wieder Spontaneität in den Familienalltag? Die hatte man mal, sie ist einem aber abhanden gekommen.

Roland

46 Jahre alt, einmal geschieden, seit 12 Jahren lebt er wieder in einer festen Beziehung, davon sechs verheiratet, und hat eine achtjährige Tochter und einen fünfjährigen Sohn. Der Sohn seiner Frau aus deren vorherigen Beziehung ist 14 und lebt mit ihnen zusammen.

Bedeutung des Vaterseins

Als Vater habe ich Erfahrungen gemacht, die ich nun seit sechs Jahren in meinen neuen Beruf als Persönlichkeitscoach und Paarberater einbringe. Vorher war ich Manager und Unternehmensberater. Aus meinen Erkenntnissen habe ich einen Beruf gemacht und bin dabei sogar erfolgreich. Eine meiner Erkenntnisse ist: Paare, die Kinder haben, vernachlässigen sich als Paar und fokussieren sich zu sehr auf die Kinder, vom Paar-sein bleibt nicht mehr viel übrig, durch die Kinder wird die Paarbeziehung fast ganz abgeschafft. Daher versuche ich in der Paarberatung, den Paarzwischenraum zu fördern. Denn wenn die Paarbeziehung stimmt, stimmt auch die Beziehung zu den Kindern. Das ist meine Erfahrung.

Die Paarbeziehung muss wieder in den Dialog kommen, vor allem auch in den wertschätzenden Dialog. Paare kommen meist in die Therapie und sagen, was alles nicht funktioniert, was der andere alles falsch macht. Sie schauen nur noch auf die Verletzungen, die im Alltagsstress vorkommen. Für mich aber ist es wichtig zu fragen: Was läuft gut? Was ist positiv? Formulierungen wie beispielsweise: »Mir hat gutgetan, dass du …« sind dabei wesentlich, um ein Klima der Wertschätzung entstehen zu lassen.

Ich sage nicht, man soll einander nicht kritisieren, nur kommt es immer darauf an, wie man einander kritisiert. Man muss immer bei sich selbst anfangen. Im Alltag reagiert man immer nur, dadurch verletzt man auch oft den anderen. Ein gecoachter Dialog zwischen Partnern, die sich nur noch gegenseitig Vorwürfe machen, kann dazu führen, dass man wieder ins Gefühl kommt.

Als ich meine Frau kennenlernte, war ihr Sohn zwei Jahre alt. Ich selbst wollte keine Kinder, aber als dann meine Partnerin ein Kind wollte, war ich einverstanden. Beim ersten Kind lief alles ganz gut, als aber dann das zweite da war, sind wir beide voll im Alltag versunken. Wir hatten Stress und Beziehungsschwierigkeiten, vor allem weil wir nicht dieselbe Philosophie in Sachen Erziehung vertraten. Wir haben uns dauernd widersprochen. Ich habe dann für mich beschlossen, eine Therapie zu machen. Dann bekam aber meine Frau ein »Hausfrauen-Burnout«, sodass wir uns dann beide einer Paartherapie unterzogen.

Das Gute an dieser Therapie war, dass wir wieder zur »Einheit« wurden: Vor den Kindern standen wir wieder als Paar da. So kam es, dass wir weniger Probleme mit den Kindern hatten. Das zeigte sich zum Beispiel daran, dass es plötzlich keine Probleme mehr beim Schlafengehen gab, vorher hatte es immer Theater gegeben, wenn wir die Kinder ins Bett bringen wollten. Die Kinder wurden emotional stabil, weil sie merkten, dass Mama und Papa ein Paar sind. Ich denke, die schlimmste Traumatisierung für Kinder ist, wenn die Eltern auseinandergehen.

Für meinen Stiefsohn war und bin ich immer der Stefan, nie der Vater. Das hat hängt damit zusammen, dass die Beziehung des Jungen zu seinem leiblichen Vater intakt ist. Zwischen meiner Frau und ihrem Ex-Mann gab es keinen Streit. Der Sohn ist alle zwei Wochen bei seinem Vater und fühlt sich dort auch wohl. Ich war und bin mir immer voll dessen bewusst, dass ich nur der Stiefvater bin. Als Stiefvater habe ich es leichter, denn ich weiß, es existiert ein leiblicher Vater, der für den Jungen da ist. Für meine beiden Kinder ist der Stiefsohn ein toller Bruder; die drei sind wie wirkliche Geschwister.

Mein eigener Vater

Mein eigener Vater hat im Bauwesen gearbeitet, war viel unterwegs und oft nur am Wochenende zu Hause, dann mussten alle nach ihm tanzen und das hat mir immer schon gestunken. Während des Studiums gab es einmal ordentlich Krach, weil ich mich nicht von ihm bevormunden ließ, als er mir sagen wollte, wo es lang geht. Nach einem halben Jahr Pause, ging es dann aber wieder.

Als ich selber Kinder bekam, dachte ich, mein Vater würde nun seine Großvaterrolle wahrnehmen, aber das tat er nicht. Er hatte immer Angst, die Kinder zu halten, er meinte, sie würden ihm aus dem Arm fallen. Mein Vater ist dann gestorben, seither kümmert sich meine Mutter sehr um ihre Enkel. Mein Vater war eher eine Enttäuschung für mich.

Offene Fragen

Wie gehen wir damit um, wenn wir als Eltern unterschiedliche Werte haben?

Was bedeutet ein Stiefkind für einen Vater? Wissen, dass man nur »Stiefvater« ist, kann nämlich durchaus zu massiven Frustrationen führen.

Väter brauchen eine Position in der Familie. Man hat oft den Eindruck, dass Frauen »besser« sind. Sie scheinen zu wissen, wie das Muttersein geht, Väter aber nicht, wie das Vätersein geht. Männer wollen aber Väter sein und ihr Vatersein gestalten. Väter wollen präsent sein. Viele Frauen lassen sie einfach nicht zum Zuge kommen und wollen meist bestimmen. Wenn ich etwas mit den Kindern unternehme, bestimme ich, was wir machen, ich lasse mir das dann nicht von meiner Frau diktieren.

Väter brauchen »Macht« in einem guten Sinne – dass sie etwas in die Hand nehmen und sich dabei als kompetent erweisen. Männer laufen heute irgendwie »kastriert« durch die Welt. Aber auch das Kind muss doch spüren, wer sein Vater ist, welche Werte er vertritt und wofür er steht. Es scheint auch »politisch korrekt« zu sein, dass Männer »kastriert« werden. Mir scheint, wir leben in einem kastrierten Männerzeitalter. Zum Beispiel gibt es so viele Frauengruppen, aber kaum Männergruppen.

Für mich war es früher eine offene Frage, was es denn bedeutet, ein Mann in einer Beziehung und in einer Familie zu sein. Jetzt habe ich es für mich herausgefunden: Ich fühle mich als Advokat der Beziehung innerhalb der Familie – ich fühle mich für die Paarbeziehung verantwortlich und setze mich auch wirklich dafür ein, das heißt ganz konkret: Ich entführe meine Frau, wenn ich merke, sie klebt wieder zu sehr an den Kindern.

Nachwort: Späte Liebeserklärung

Ich sagte sofort »ja« zur Zusammenarbeit mit Jesper Juul im Hinblick auf ein Buch über »Väter heute« – so lautete anfänglich der Arbeitstitel. Ein vollmundiges »ja« aus Lust und Laune!

Bereits 2004 hatte ich mit Jesper Juul einen Interviewband »Aus Erziehung wird Beziehung« (Herder spektrum) gemacht: Unsere Begegnungen liefen reibungslos ab – Streit mit verhärteten Fronten gab es nie, dafür aber viel Reibungswärme.

Ich hätte genauso »ja« zu einem Buch über »Mütter heute« gesagt. Probleme und Sorgen gibt es an allen Fronten. Das »ja« zu diesem Buch kam nicht aus tiefer Einsicht oder Überzeugung. Doch dann war plötzlich dieses »Ja aus Lust und Laune« gefährdet und musste sich als »ja« neu bestimmen.

Ich verschob zunächst nur die Interview-Termine mit den Vätern, die wir speziell für dieses Buch befragen wollten. Dann warnte ich Jesper Juul, ich sei momentan nicht wirklich zuverlässig und wisse nicht, ob ich unseren gemeinsamen zehntägigen Gesprächstermin überhaupt wahrnehmen könne – wegen eines Mannes: meines eigenen Vaters. Jesper Juul aber schien felsenfest überzeugt zu sein: »Wir haben Zeit!«

Mein Vater erlitt Anfang des Jahres einen Hirninfarkt – und wir, meine Mutter und ich, waren beide verzweifelt. Er, ein selbstständiger Mann, sollte nun für eine unabsehbare Zeit ausfallen. Unvorstellbar!

»Das Leben wird nicht mehr so weiterlaufen wie bisher. Für vieles wird es keine Zeit mehr geben. Keine Kraft! Auch für ein Buch nicht mehr…« Erst als mir diese Gedanken durch den Kopf gingen, fiel mir auf: »Väter sind das Thema! Und ich bin gerade in einer Weise mit meinem Vater zusammen wie nie zuvor.« Ich musste weitermachen, ich konnte gar nicht anders! Und ich sagte ein zweites Mal »ja« zu diesem Buch!

Jesper Juul bin ich sehr dankbar, dass er mir etwas Zeit ließ, um mich zu sammeln. Auch den vielen Vätern, die ich zu einem späteren Zeitpunkt als geplant interviewte. Sie alle äußerten den einen oder anderen Haupt- oder Nebensatz, der mich weiterbrachte – und nicht nur intellektuell … Danke!

Nein, ich war nicht »Vaters Prinzesschen« (wie das Jesper Juul gleich in der Einleitung des vorliegenden Buches beschreibt). Wenn ich ein weiteres Märchenbild bemühen wollte, so war es eher so, dass ich in meines Vaters Haus eine Aschenputtel-Existenz führte – mein Vater nahm mich nicht wirklich wahr, das war mein Eindruck. Und als er vielleicht etwas mehr Zeit für mich hätte erübrigen können, war ich aus dem Haus – im Gymnasium in einer fernen Stadt und dann auf der Universität in einer noch ferneren Stadt. Geschichten aus seinem Leben kannte ich nicht viele.

Nun ist er schwer krank – und voller Wünsche. Der eine Wunsch gilt den unerzählten Geschichten. Niederschreiben kann er sie nicht mehr, seine rechte Hand ist gelähmt. Aber erzählen kann er sie, er braucht nur jemanden, der ihm zuhört – seine Tochter. Als Aschenputtel kann sie das. Und die Verwandlung vollzieht sich unmerklich.

Die Tochter erinnert: Damals, als die ehrgeizige Mutter (die sich in dieser Rolle immer so wie eine Stiefmutter anfühlte) das Aschenputtel wegen einer schlechten Note schalt, gab es doch jemanden, der Aschenputtel an die Hand nahm und mit ihm in die Konditorei ging, um es mit einer Cremeschnitte zu trösten. War das nicht der Vater?

»Ich habe erst jetzt die Liebe zu meinem Vater entdeckt«, ließ mich einer der für dieses Buch interviewten Väter wissen, und ich antwortete ihm, obwohl ich damit aus der Rolle der Journalisten tanzte: Ich auch!

Ingeborg Szöllösi

Vita

Jesper Juul, geb. 1948 in Dänemark, Lehrer, Gruppen-, Familientherapeut, Konfliktberater und Buchautor; bis 2004 Leiter des Kempler Institute of Scandinavia in Odder, das er 1979 gründete. 1972 schloss er sein Studium der Geschichte, Religionspädagogik und europäischen Geistesgeschichte ab. Statt die Lehrerlaufbahn einzuschlagen, nahm er eine Stelle als Heimerzieher und später als Sozialarbeiter an und bildete sich in Holland und den USA bei Walter Kempler zum Familientherapeuten weiter. Jesper Juul ist Autor von mehr als einem Dutzend Bücher, die in viele Sprachen übersetzt wurden: Das kompetente Kind, Vom Gehorsam zur Verantwortung, Was Familien trägt, Die kompetente Familie – das familylab-Buch, Nein aus Liebe, Pubertät – Wenn Erziehen nicht mehr geht u. a.

Ingeborg Szöllösi, Dr. phil., geb. 1968, Studium der Philosophie, Theater- und Literaturwissenschaft an der Ludwig-Maximilians-Universität München, freie Journalistin und Buchautorin.